1000

PALABRAS • ESCUELA
WORDS • SCHOOL

DK Penguin Random House

Escrito por Gill Budgell
Edición sénior Dawn Sirett
Diseño sénior Rachael Parfitt Hunt
Diseño Kanika Kalra, Mansi Dwivedi, Rhys Thomas, Sif Nørskov
Trabajo editorial adicional Robin Moul
Ilustraciones adicionales Rhys Thomas, Mohd Zishan
Diseño de maquetación Dheeraj Singh, Syed Md Farhan
Documentación iconográfica Rituraj Singh
Diseño de cubierta Sif Nørskov
Coordinación de cubierta Elin Woosnam
Edición de producción Becky Fallowfield
Control de producción John Casey
Edición ejecutiva Penny Smith
Dirección creativa en Delhi Malavika Talukder
Dirección de arte Mabel Chan
Dirección editorial Francesca Young
Dirección de publicaciones Sarah Larter

De la edición en español:
Servicios editoriales Tinta Simpàtica
Traducción Anna Nualart
Coordinación de proyecto Marina Alcione
Dirección editorial Elsa Vicente

Publicado originalmente en Gran Bretaña en 2024
por Dorling Kindersley Limited
DK, One Embassy Gardens, 8 Viaduct Gardens,
London, SW11 7BW
Parte de Penguin Random House

El representante autorizado en el EEE es
Dorling Kindersley Verlag GmbH. Arnulfstr. 124,
80636 Múnich, Alemania

Título original: *1000 More Words*
Primera edición bilingüe: 2024

ISBN: 978-0-2417-0274-1

Impreso y encuadernado en China

www.dkespañol.com

FSC www.fsc.org
MIXTO
Papel | Apoyando la silvicultura responsable
FSC™ C018179

Este libro se ha impreso con papel certificado por el Forest Stewardship Council™ como parte del compromiso de DK por un futuro sostenible.
Más información: **www.dk.com/uk/information/sustainability**

1000

PALABRAS • ESCUELA
WORDS • SCHOOL

Gill Budgell

DK

A note for parents and carers about language for learning

Nota para padres y cuidadores sobre el lenguaje para el aprendizaje

This bilingual book focuses on more of the vocabulary young children need to learn both English and Spanish, whether in school or in their everyday lives.

As children learn, they need to read, write, and spell words that relate to a variety of topics and subjects. They need to be able to listen and speak with confidence too.

1000 Words: School **features vocabulary that will help children learn about literacy skills, mathematics, science, the arts, PE, and sports, as well as some more challenging vocabulary about geography and history. There are also words about technology, since increasingly the language of technology is embedded in every aspect of our learning. We talk about digital communication, digital devices, as well as ways to create and present information in a more data-led world.**

A broad vocabulary can help children to access their education more easily with a sense of curiosity and engagement. It enables them to name, describe, explain, and sort their learning into categories, as well as to see overlaps between different areas of learning.

Spending time with children to talk about the words and pictures representing different areas of learning within this book will ensure that children consolidate what they know and extend their knowledge and understanding. This book is a great place to begin sharing words in English and Spanish while enjoying discussions with your child, but remember to continue the conversations in your day-to-day life too.

Gill Budgell

Early years and primary language consultant, trainer, and author

Este libro bilingüe se centra en el vocabulario que los más pequeños necesitan para aprender el inglés y el español, tanto en la escuela como en su vida diaria.

A medida que aprenden, los niños deben leer, escribir y deletrear palabras relacionadas con diversos temas y materias. También deben poder escuchar y hablar con confianza.

1000 Palabras: Escuela presenta vocabulario que les ayudará a aprender sobre las habilidades de lectura y escritura, matemáticas, ciencias, artes, educación física y deportes, así como otro vocabulario más complejo sobre geografía e historia. También se incluyen palabras sobre tecnología, porque el lenguaje tecnológico está cada vez más presente en todos los aspectos del aprendizaje. Se habla de comunicación digital, de dispositivos digitales y de formas de crear y presentar la información en un mundo cada vez más basado en los datos.

Un vocabulario amplio ayuda a los niños en su educación con una mayor curiosidad e implicación. Les permite nombrar, describir, explicar y clasificar en categorías aquello que aprenden, y también observar cómo se solapan las distintas áreas del aprendizaje.

Dedicar tiempo a hablar con los niños sobre las palabras y los dibujos de las distintas áreas garantiza que consoliden lo que saben y amplíen su comprensión y conocimientos. Este libro es un buen punto de partida para compartir palabras en inglés y en español y disfrutar de la conversación con ellos, pero es importante seguir conversando también en la vida cotidiana.

Gill Budgell

Consultora, formadora y autora sobre el lenguaje de las etapas inicial y de primaria

Contents
Contenidos

Let’s communicate
Comuniquémonos

When we communicate we share information, stories, feelings, or ideas. There are many ways to do this, including speaking, signing, writing, or dancing. Here are words we use for these things.

Cuando nos comunicamos, compartimos información, historias, sentimientos o ideas. Hay muchas formas de hacerlo, como hablar, cantar, escribir o bailar. Aquí tienes algunas palabras que usamos para estas cosas.

Communication
Comunicación

speak hablar | **discuss** conversar | **listen** escuchar

sign
señalar

present presentar | **ask** preguntar

join in
participar

dance
bailar

act
actuar

paint
pintar

Learning to read
Aprender a leer

a b c d e
f g h i j k
l m n ñ o
p q r s t u
v w x y z

letters
letras

Braille
braille

words
palabras

picture
foto

This is my friend.
Este es mi amigo
Esta es mi amiga

sentence
frase

book
libro

Learning to write
Aprender a escribir

writing guidelines
pautas de escritura

C D
K L M
U V

copying and tracing
copiar y calcar

hello
hola
→
(English)
(inglés)

left to right
de izquierda a derecha

مرحبا
←

right to left
de derecha a izquierda

("hello" in Arabic)
("hola" en árabe)

新年快乐
↓

top to bottom
de arriba abajo

("Happy New Year" in Chinese)
("Feliz año nuevo" en chino)

Languages are written left to right, right to left, or sometimes top to bottom.
Las lenguas se escriben de izquierda a derecha, de derecha a izquierda o, a veces, de arriba abajo.

Feelings
Sentimientos

amazed
asombrada

satisfied
contento

Try making the faces for these feelings.

Intenta hacer las caras de estos sentimientos.

brave
valiente

upset
decepcionado

puzzled
confundido

shy
tímida

excited
emocionada

frustrated
frustrado

Reading and writing
Leer y escribir

Why do we read and write? Reading helps us learn and gives us pleasure. Writing helps us communicate and record our communications. Here are words we use when we read and write.

¿Por qué leemos y escribimos? Leer nos ayuda a aprender y es una fuente de placer. Escribir nos ayuda a comunicar y dejar constancia de nuestras comunicaciones. Aquí tienes algunas palabras que usamos cuando leemos y escribimos.

Different types of reading
Distintos tipos de lectura

independent
en solitario

paired
en pareja

shared
compartida

guided
guiada

What books do you like to read?
¿Qué libros te gusta leer?

Fiction
Ficción

stories
cuentos

El mundo del dragón

¡Ataque pirata!

fantasy
fantasía

adventure
aventuras

picture book
libro ilustrado

chapter book
libro en capítulos

Nonfiction
No ficción

information
información

dictionary
diccionario

report
reportaje

newspaper
periódico

instructions
instrucciones

Reading everywhere!
¡Leer en todas partes!

sign
cartel

label
etiqueta

board game
juego de tablero

instructions
instrucciones

Braille is used by people who are blind or have low vision.
El braille lo utilizan las personas ciegas o que tienen poca visión.

raised dots that you feel
puntos en relieve que se notan

Let's write!
¡Vamos a escribir!

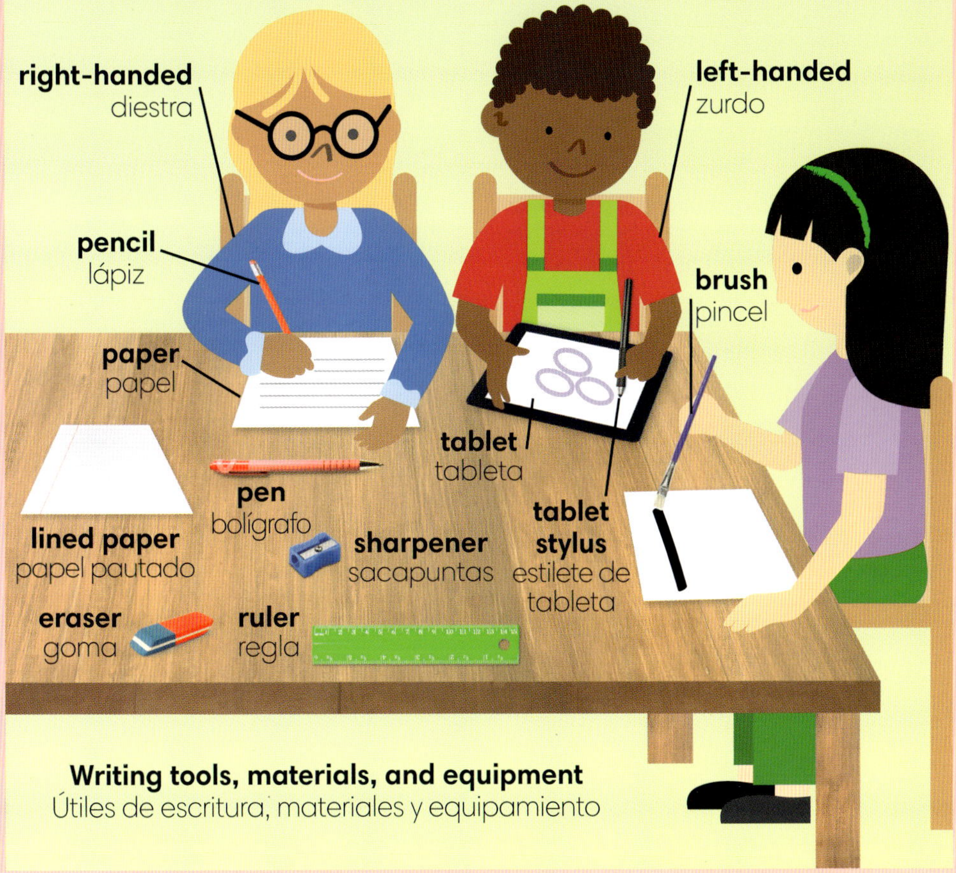
right-handed
diestra
left-handed
zurdo
pencil
lápiz
brush
pincel
paper
papel
tablet
tableta
pen
bolígrafo
lined paper
papel pautado
sharpener
sacapuntas
tablet stylus
estilete de tableta
eraser
goma
ruler
regla

Writing tools, materials, and equipment
Útiles de escritura, materiales y equipamiento

Reasons to write
Razones para escribir

Books to read
Libros para leer

list
lista

Happy birthday!
¡Feliz cumpleaños!

card
tarjeta

Remember to brush your teeth!
¡Acuérdate de lavarte los dientes!

note
nota

Please come to my party.
Por favor, ven a mi fiesta.

invitation
invitación

Dear friend,
Querido amigo,

letter
carta

Adding up
Sumar
Add up the numbers on the sails.
Write the total on the boats.

homework
deberes

Preparing to write
Prepararse para escribir

? ?

thinking
pensar

?

ideas
ideas

Kitten gets stuck!
¡El gatito no sabe bajar!

planning
planificar

Languages of the world
Lenguas del mundo

The languages we speak are part of who we are. Let's find out how to write and pronounce "hello" in ten of the most widely spoken languages in the world.

Las lenguas que hablamos son una parte de lo que somos. Descubramos cómo se escribe y pronuncia "hola" en diez de los idiomas más hablados del mundo.

Chinese
chino
你好
Chinese script
caligrafía china
Say "nee-how".
Di "ni-hao".

Russian
ruso
привет
Cyrillic script
alfabeto cirílico
Say "pri-vyet".
Di "pri-viet".

Japanese
japonés
こんにちは
hiragana script
escritura hiragana
Say "kon-nee-chee-wah".
Di "kon-ni-chi-ua".

Arabic
árabe
مرحبا
Arabic abjad script
alfabeto árabe abyad
Say "mar-haba".
Di "mar-haba".

Hindi
hindi
नमस्ते
Devanagari script
escritura devanagari
Say "nuh-must-ay".
Di "na-mas-te".

Bengali
bengalí
হ্যালো
Bengali script
escritura bengalí
Say "hel-o".
Di "hel-o".

Korean
coreano
안녕하세요
Hangul script
alfabeto hangul
Say "ann-yong-ha-sey-oh".
Di "an-nyeong-ja-se-yo".

English
inglés
Hello
Latin script
alfabeto latino
Say "hel-low".
Di "hel-lou".

Spanish
castellano
Hola
Latin script
alfabeto latino
Say "oh-la".
Di "o-la".

Portuguese
portugués
Olá
Latin script
alfabeto latino
Say "oh-la".
Di "o-la".

accent
acento

What languages do you speak?
¿Qué lenguas hablas?

“Hello” in sign language

“Hola” en lengua de señas

Can you sign hello?

¿Sabes decir hola con señas?

“Hello” in Braille (a written code for languages)

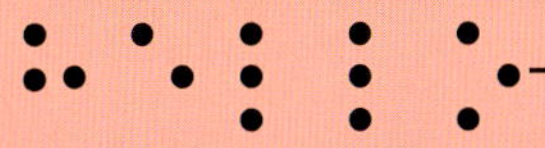

raised dots

puntos en relieve

“Hola” en braille (código escrito para las lenguas)

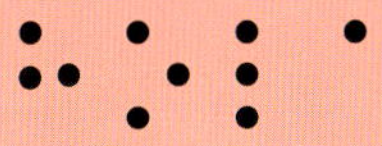

Whistling language for long-distance communication

Lenguaje silbado para comunicarse a mucha distancia

Emojis

emojis

Computer code (programming language)

Código informático (lenguaje de programación)

01000001	01000010	01000011
A	B	C

binary number system

sistema numérico binario

Ancient languages

Lenguas antiguas

A B C D E

Sumerian (from an area that is modern-day Iraq)

sumerio (de la zona del actual Irak)

A B C D E

Egyptian hieroglyphs

jeroglíficos egipcios

Naming things
Nombrar cosas

Words that name places, people, objects, animals, and ideas are called nouns.

Las palabras que nombran lugares, personas, objetos, animales e ideas se llaman sustantivos.

At a hospital, we might use these nouns.

En un hospital podríamos utilizar estos sustantivos.

Places
Lugares

reception
recepción

waiting room
sala de espera

consulting room
consulta

dispensary
dispensario

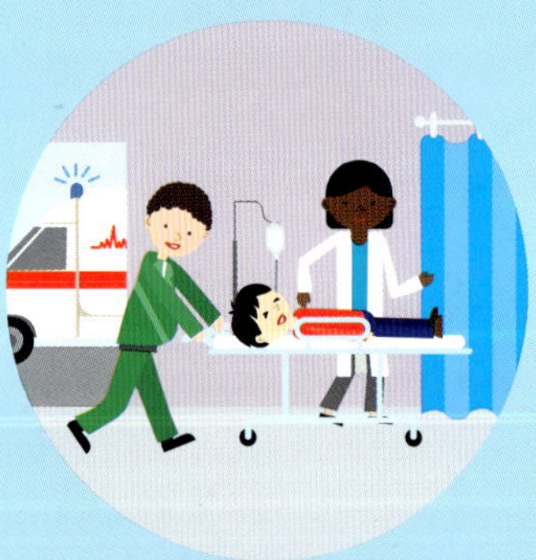

accident and emergency department
servicio de urgencias

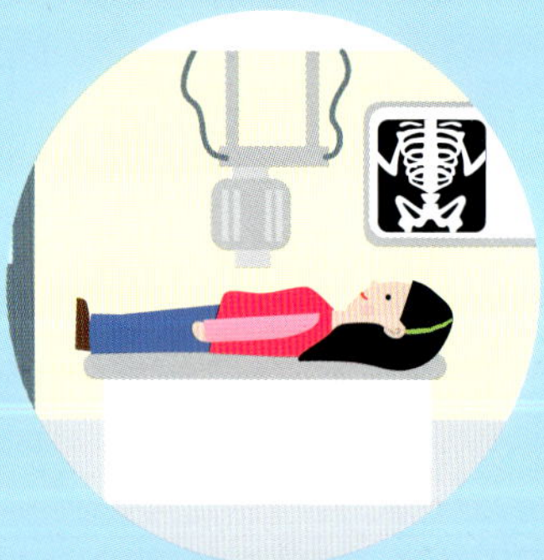

X-ray room
sala de rayos X

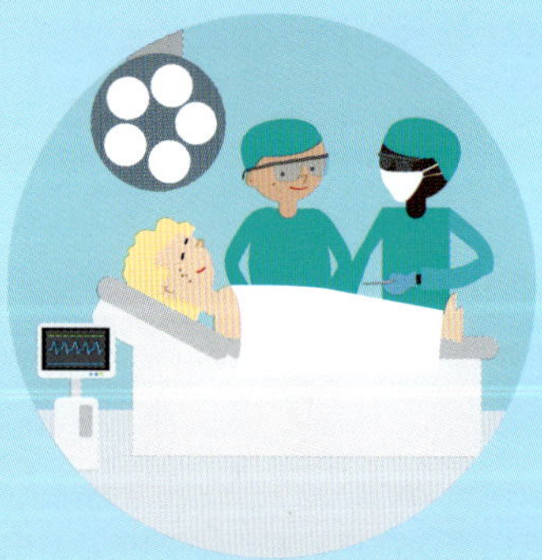

operating theatre
quirófano

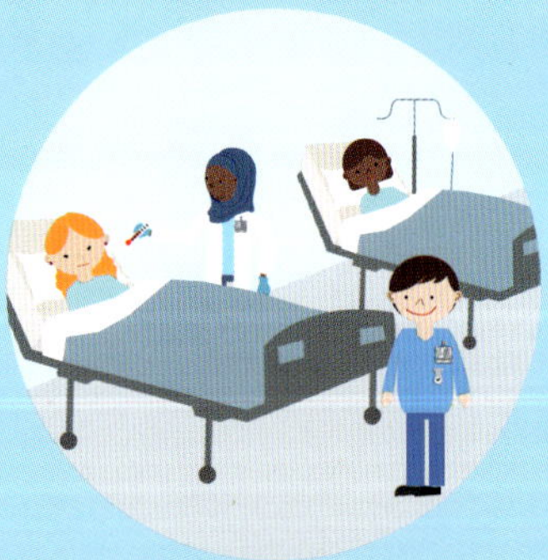

ward
pabellón

People
Personas

queue
cola

nurse
enfermero

medical receptionist
recepcionista médica

patient
paciente

doctor
doctora

paramedic
enfermera

Objects
Objetos

uniform
uniforme
name badge
tarjeta de identificación
snack vending machine
máquina expendedora
chairs
sillas
magazine
revista
monitor
monitor
IV (intravenous) drip
goteo intravenoso
treatment couch
camilla de tratamiento
trolley
carrito

Ideas
Ideas

healthy eating
alimentación saludable
thought
pensamiento
strength
fortaleza
success
éxito

At a veterinary clinic, we might use these nouns. Which of them are naming objects?

En una clínica veterinaria, podríamos utilizar estos sustantivos. ¿Cuáles de ellos nombran objetos?

Veterinary clinic
Clínica veterinaria

pet carrier
transportín
parrot
loro
horse
caballo
bandage
vendaje
stethoscope
estetoscopio
veterinary surgeon
veterinaria

Describing things
Describir cosas

Words that describe people, places, objects, animals, and ideas are called adjectives. Choose an adjective that describes you!

Las palabras que describen personas, lugares, objetos, animales e ideas se llaman adjetivos. ¡Elige un adjetivo que te describa!

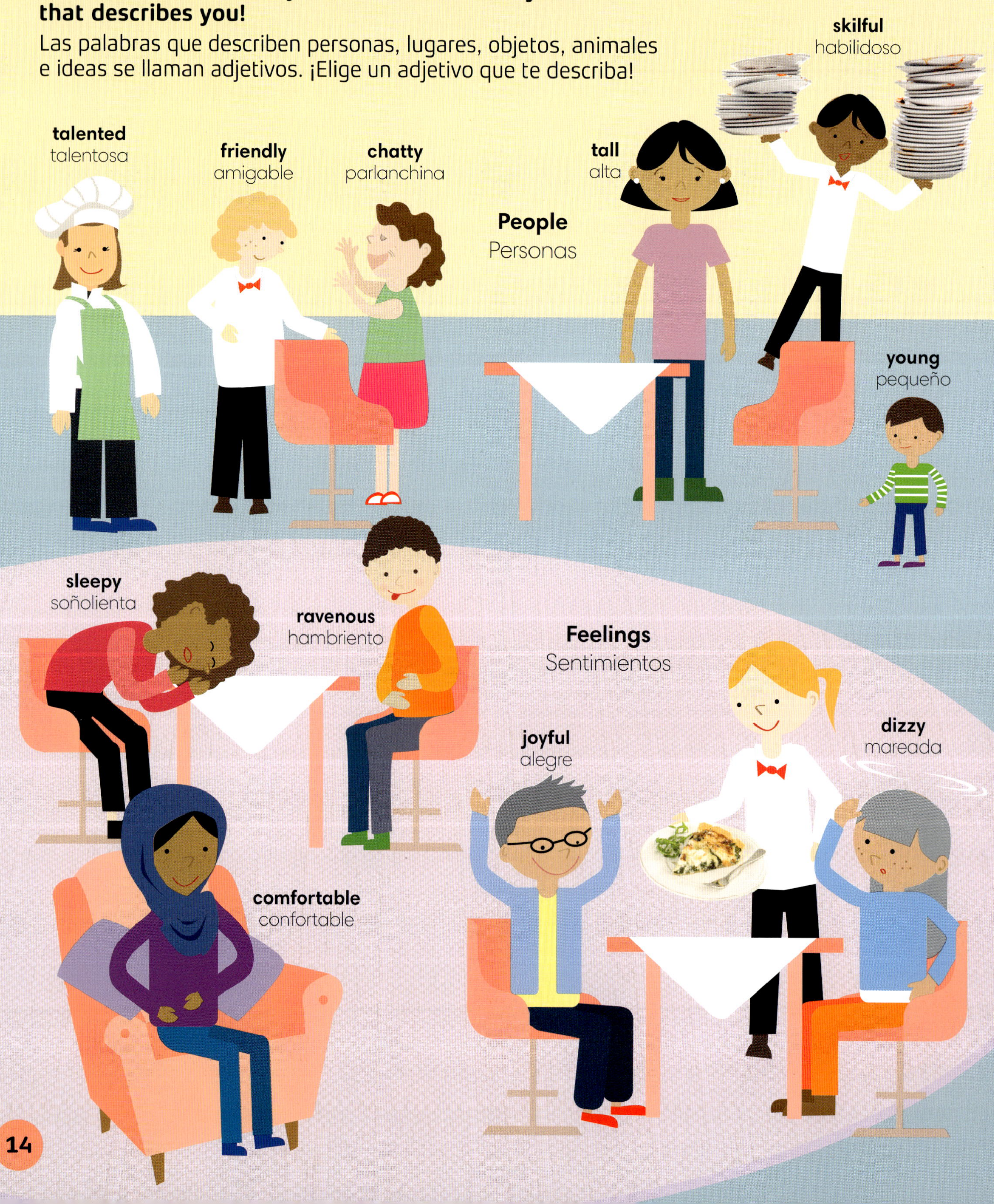

People
Personas
talented
talentosa
friendly
amigable
chatty
parlanchina
tall
alta
skilful
habilidoso
young
pequeño
Feelings
Sentimientos
sleepy
soñolienta
ravenous
hambriento
joyful
alegre
dizzy
mareada
comfortable
confortable

Size and volume
Tamaño y volumen
supersized
extragrande
enormous
enorme
tiny
minúsculo
overflowing
rebosante
yummy
delicioso
juicy
jugoso
fruity
afrutado
chilled
helado
steady
lento
swiftly
ágil
Food
Comida
Movement
Movimiento
sugary
azucarado
fresh
fresco
spicy
picante
chocolatey
chocolateado
speedy
rápida
smelly
apestoso
sparkling
espumoso
beige
beis
scorching
ardiente
vibrant
vibrante
Colour
Color
vivid
vivo

What's going on?

¿Qué ocurre?

Some words describe what people or things are doing, or what people are thinking or feeling. These words are called verbs.

Algunas palabras describen lo que hacen las personas o las cosas, o lo que las personas piensan o sienten. Estas palabras se llaman verbos.

prepare
preparar
Which of these things would you like to do?
¿Cuáles de estas cosas te gustaría hacer?
Stretch!
¡Estira!
What would you like?
¿Qué te apetece?
reach
alcanzar
frown
fruncir el ceño
ask
preguntar
decide
decidir
dislike
no gustar
Stop!
¡Para!
forget
olvidar
notice
avisar
skip
saltar
lick
lamer
tow
tirar
block
parar
kick
chutar
sniff
oler

clamber up
trepar
ascend
subir
wait
esperar
hear
oír
descend
bajar
whizz down
deslizarse
feel
notar
admire
admirar
1, 2, 3…
1, 2, 3…
count
contar
hide
esconderse
Catch!
¡Cógelo!
whistle
silbar
tiptoe
ir de puntillas
giggle
reír
sprint
correr
relax
descansar
hug
abrazar
yell
gritar
frighten
asustar

Adding detail
Añadir detalles

We can add detail to verbs by using words that say how, when, where, how often, and how much a thing happens. These words are called adverbs.

Podemos añadir detalles a los verbos utilizando palabras que digan cómo, cuándo, dónde, con qué frecuencia y cuánto ocurre algo. Estas palabras se llaman adverbios.

?
happily
felizmente
gracefully
elegantemente
loudly
ruidosamente
speedily
rápidamente
proudly
orgullosamente
crossly
con enfado
weakly
débilmente
bravely
valientemente
curiously
con curiosidad

How is the explorer exploring?

¿Cómo explora el explorador?

Calendar
Calendario
today
hoy
soon
pronto
now
ahora
Calendar
Calendario
tomorrow
mañana

When should the explorer go exploring?

¿Cuándo debe salir a explorar la exploradora?

on
en
up
arriba
down
abajo
around
alrededor
behind
detrás
between
entre
above
encima
below
debajo
near
cerca
opposite
frente

Where is the beetle climbing? Where is the beetle positioned?

¿Por dónde trepa el escarabajo? ¿Dónde está situado el escarabajo?

hourly
cada hora
yearly
anualmente
Calendar
Calendario
little
poco
lots
mucho

How often and how much do the birds sing?

¿Con qué frecuencia y cuánto cantan los pájaros?

frequently
frecuentemente
sometimes
a veces

How often do the frogs eat?

¿Con qué frecuencia comen las ranas?

All about numbers
Todo sobre los números

Here are words that help us to play counting games and learn about numbers.

He aquí palabras que nos ayudan a contar cuando jugamos y a aprender los números.

Playing with numbers
Jugar con números

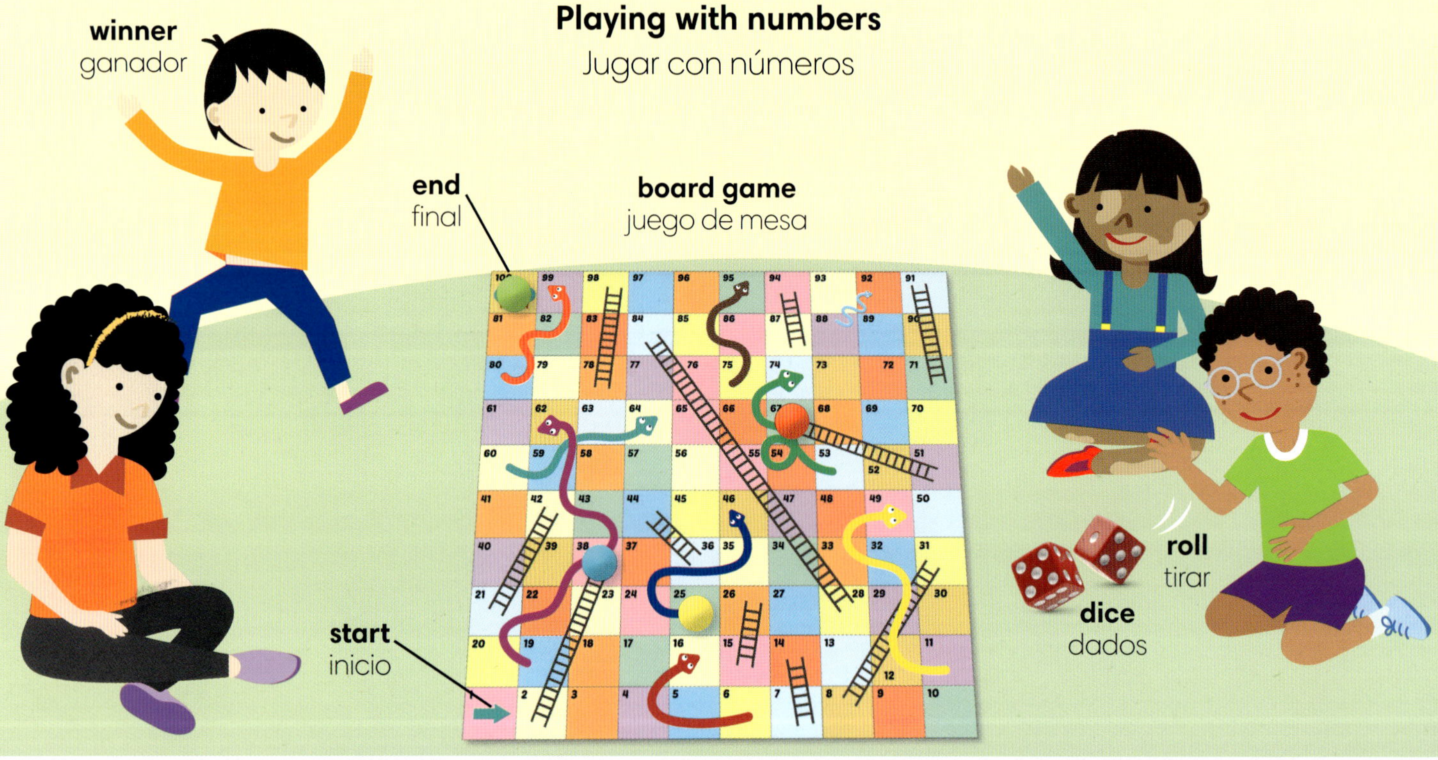

winner
ganador
end
final
board game
juego de mesa
start
inicio
roll
tirar
dice
dados

Types of numbers
Tipos de números

2, 4, 6, 8, 10
even numbers
números pares

1, 3, 5, 7, 9
odd numbers
números impares

13, 14, 15, 16, 17, 18, 19
teen numbers
números que en inglés terminan en "teen"

Counting
Contar

5, 10, 15, 20, 25
in fives
de cinco en cinco

10, 20, 30, 40, 50
in tens
por decenas

Place value
Valor posicional

3
3 ones
3 unidades

30
3 tens
3 decenas

300
3 hundreds
3 centenas

partition
partición

63

6 tens
6 decenas

3 ones
3 unidades

Ordinals
Ordinales

sixth
sexto
fifth
quinta
fourth
cuarto
third
tercera
second
segundo
first
primera

What are the missing numbers?
¿Cuáles son los números que faltan?

_____ ← 20

before
anterior

11 _____ 13

between
entre

17 → _____

after
posterior

Order these numbers from lowest to highest.
Ordena estos números del más bajo al más alto.

27 25 26

Number bonds
Enlaces numéricos

part parte	**part** parte	**whole** total
2	4	6
6	0	6
5	1	6

Addition
Suma

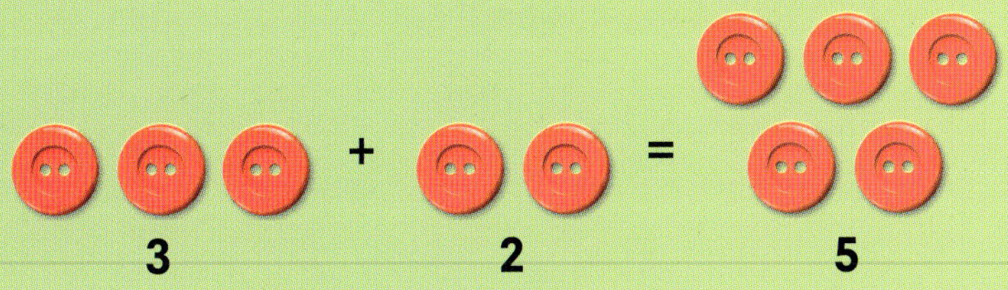
+
=
3
2
5

Subtraction
Resta

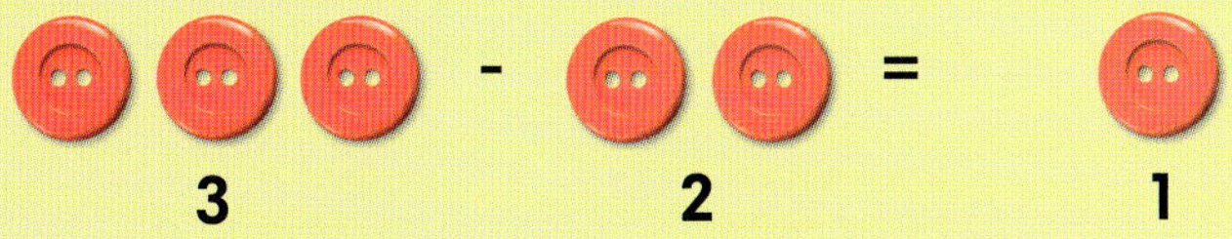
-
=
3
2
1

Shapes and space
Formas y espacio

Let's learn some shape names and some words about position and direction.

Aprendamos el nombre de algunas formas y algunas palabras sobre la posición y la dirección.

2-D shape
Forma 2-D

flat
plano
square
cuadrado
4 corners
4 ángulos
4 sides
4 lados

Lines of symmetry for a square
Líneas de simetría de un cuadrado

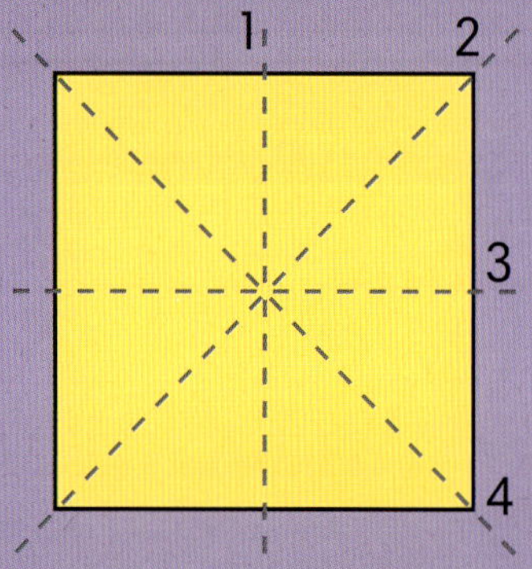

1
2
3
4

4 symmetry lines
4 líneas de simetría

3-D shapes
Formas 3-D

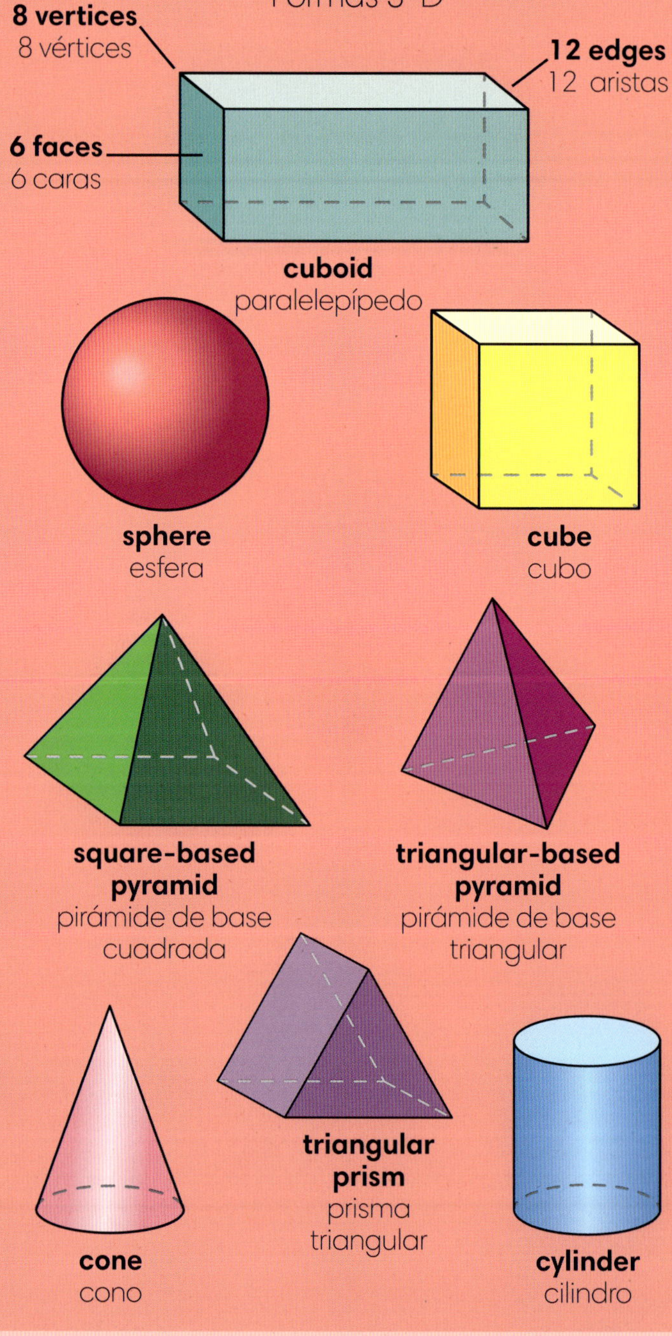

8 vertices
8 vértices
12 edges
12 aristas
6 faces
6 caras
cuboid
paralelepípedo
sphere
esfera
cube
cubo
square-based pyramid
pirámide de base cuadrada
triangular-based pyramid
pirámide de base triangular
triangular prism
prisma triangular
cone
cono
cylinder
cilindro

Polygons (2-D shapes with 3 or more straight sides)
Polígonos (formas 2-D con 3 o más lados rectos)

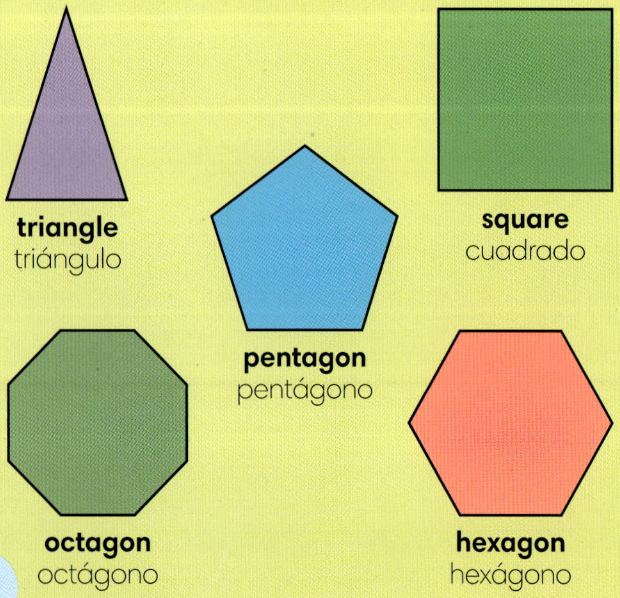

triangle
triángulo
square
cuadrado
pentagon
pentágono
octagon
octágono
hexagon
hexágono

Can you see any of these shapes near you?

¿Ves alguna de estas formas cerca de ti?

Position and direction
Posición y dirección

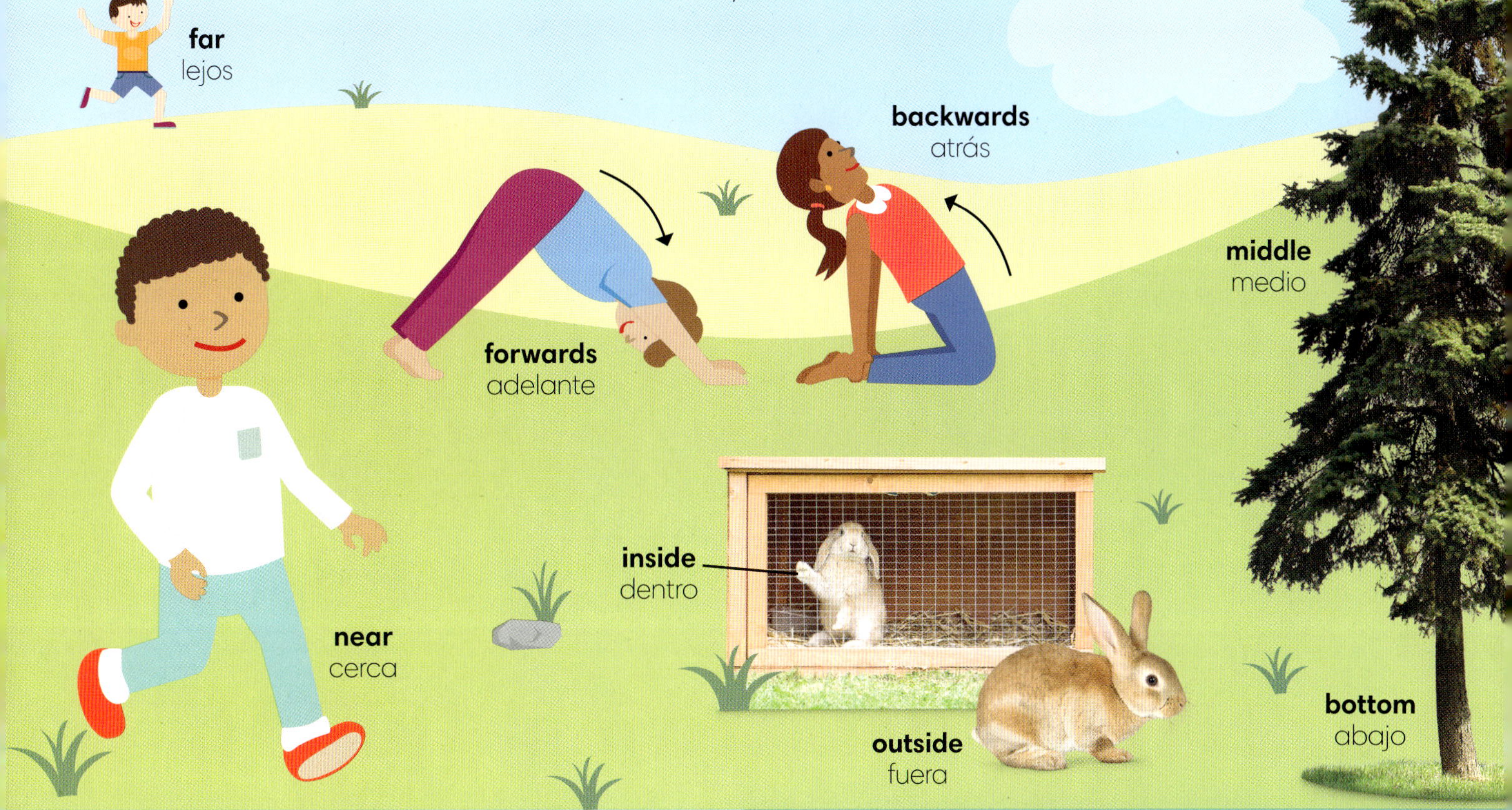
far
lejos
backwards
atrás
top
arriba
middle
medio
forwards
adelante
inside
dentro
near
cerca
outside
fuera
bottom
abajo

Rotations
Rotaciones

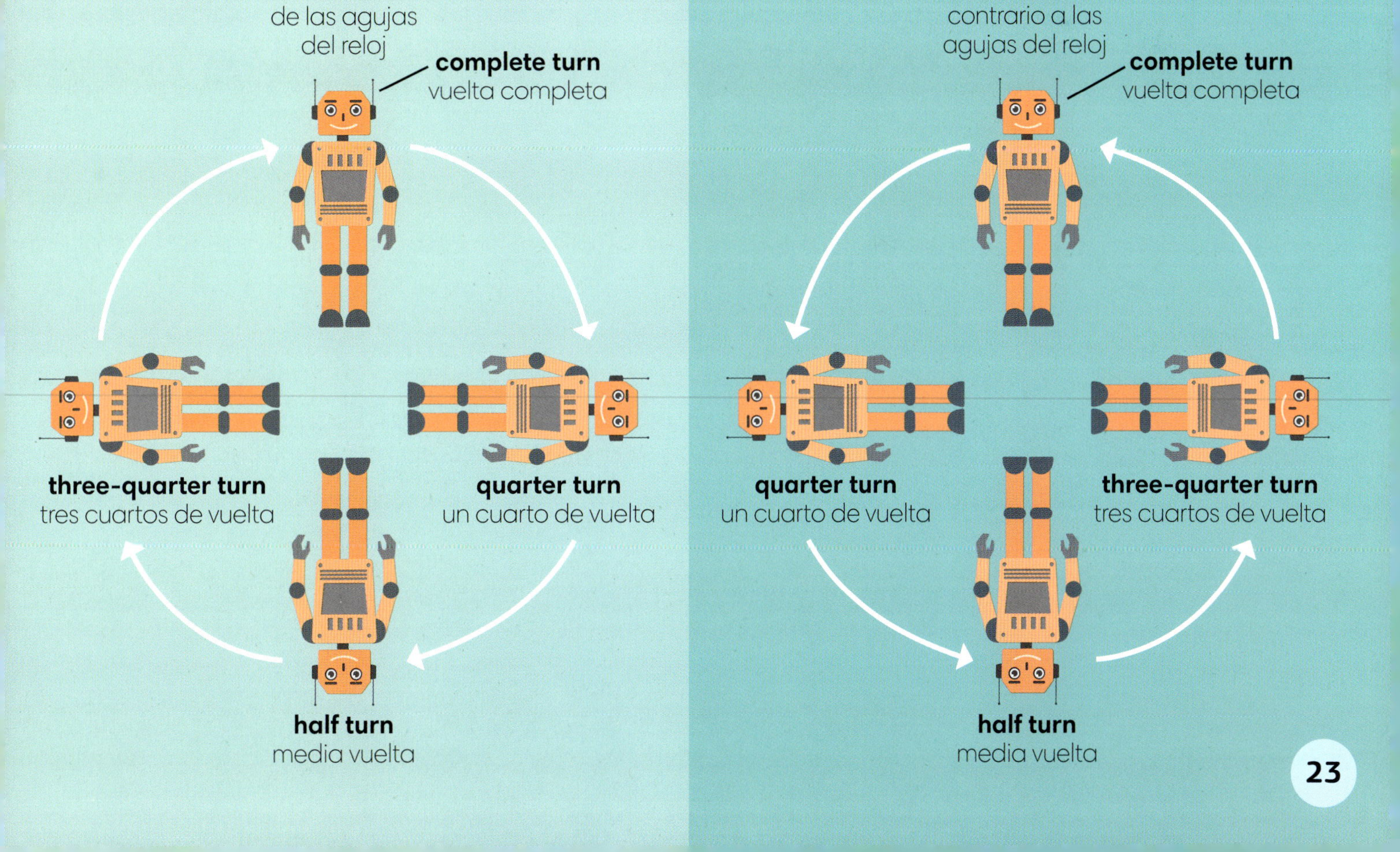
clockwise
en el sentido de las agujas del reloj
complete turn
vuelta completa
three-quarter turn
tres cuartos de vuelta
quarter turn
un cuarto de vuelta
half turn
media vuelta
anticlockwise
en sentido contrario a las agujas del reloj
complete turn
vuelta completa
quarter turn
un cuarto de vuelta
three-quarter turn
tres cuartos de vuelta
half turn
media vuelta

Talking about science
Hablar de ciencia

Here are some words we use when we are working together in science.
Estas son algunas palabras que usamos cuando colaboramos en las ciencias.

Can you think of some more equipment that you might use in a science lesson?
¿Se te ocurren más instrumentos que podrías utilizar en una clase de ciencias?

Let's be scientists
Seamos científicos

notice
ver

observe
observar

sort
ordenar

classify
clasificar

ask questions
hacerse preguntas

Some things we might use
Algunas cosas que podríamos utilizar

water
agua

food colouring
colorante alimentario

measuring spoons
cucharas de medida

microscope
microscopio

measuring scales
balanza

stopwatch
cronómetro

funnel
embudo

magnet
imán

containers
contenedores

safety goggles
gafas de seguridad

compare
comparar

contrast
contrastar

gather data
obtener datos

Let's experiment
Experimentemos

prepare
preparar

fill
llenar

add
añadir

stir
agitar

help
ayudar

pour
verter

make
hacer

Health and safety
Salud y seguridad

Always take care and ask an adult to help you when doing science experiments.
Ten siempre cuidado y pide ayuda a un adulto cuando hagas cualquier experimento científico.

Adding salt to a fizzy drink
Añadir sal a una bebida gaseosa

describe
describir

The drink fizzes and rises up!
¡La bebida burbujea y sube!

note sounds and smells
observar sonidos y olores

record results
anota los resultados

Describing materials
Describir materiales

Let's learn some words to help us describe everyday materials.

Aprendamos algunas palabras para describir los materiales cotidianos.

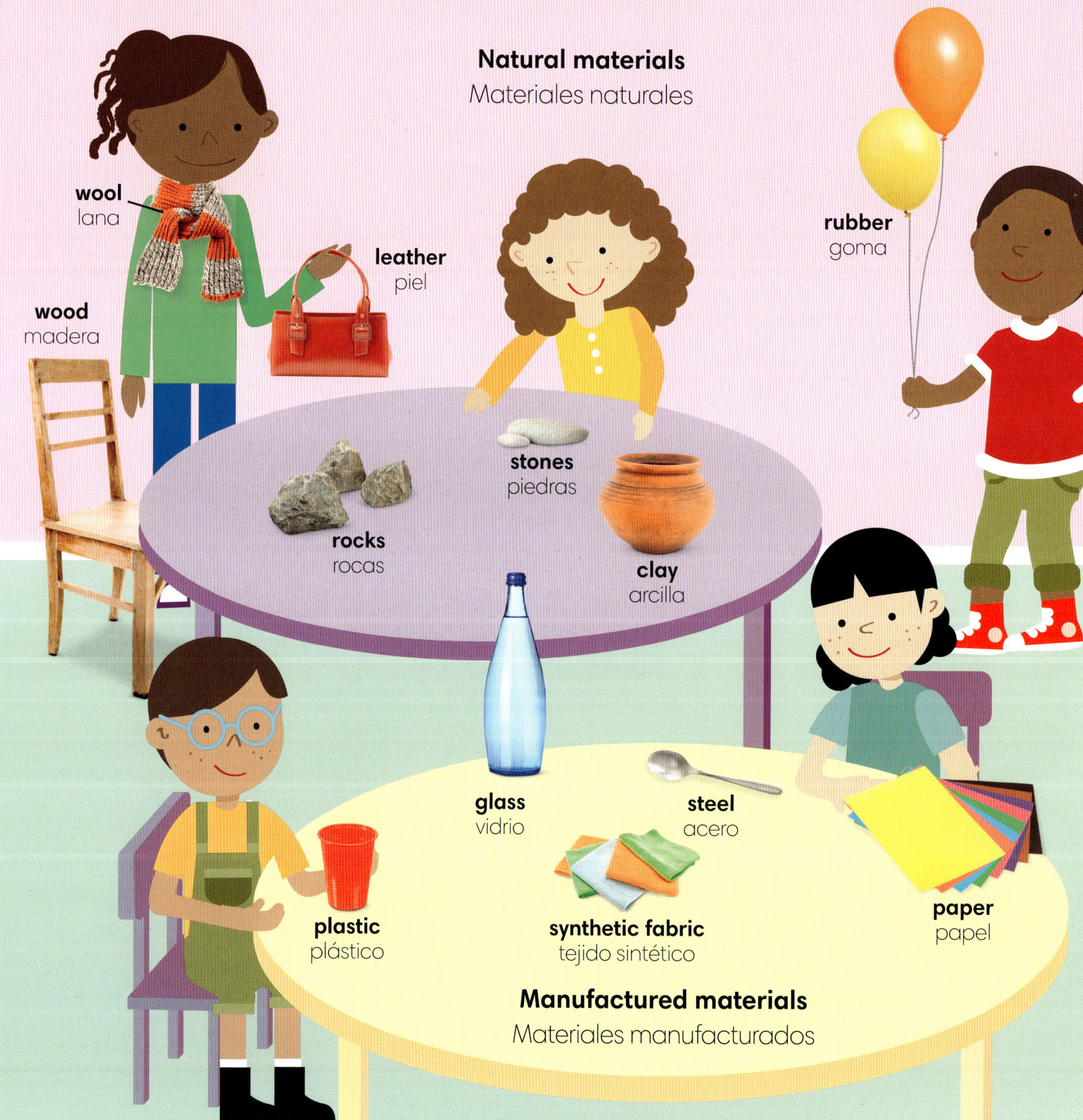

Natural materials
Materiales naturales
wool
lana
leather
piel
wood
madera
rubber
goma
stones
piedras
rocks
rocas
clay
arcilla
glass
vidrio
steel
acero
plastic
plástico
synthetic fabric
tejido sintético
paper
papel
Manufactured materials
Materiales manufacturados

Can you think of two more things that are made of steel?

¿Se te ocurren dos cosas más que estén hechas de acero?

Opposites
Opuestos

transparent
transparente

opaque
opaco

shiny
brillante

dull
mate

hard
duro

soft
blando

stretchy
elástico

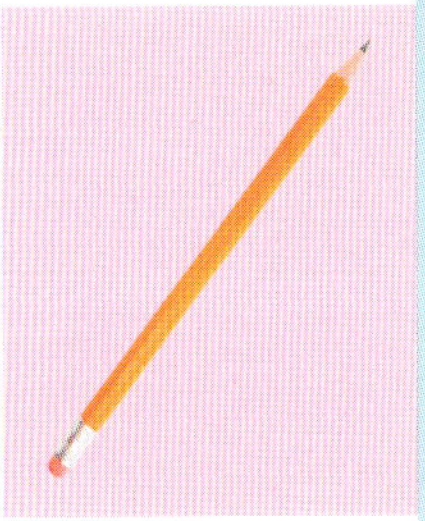

rigid
rígido

waterproof
impermeable

not waterproof
permeable

tough
resistente

brittle
frágil

absorbent
absorbente

not absorbent
no absorbente

heavy
pesado

light
ligero

fluffy
suave

spiky
espinoso

rough áspero

bumpy irregular

smooth
liso

bendy curvado

flexible flexible

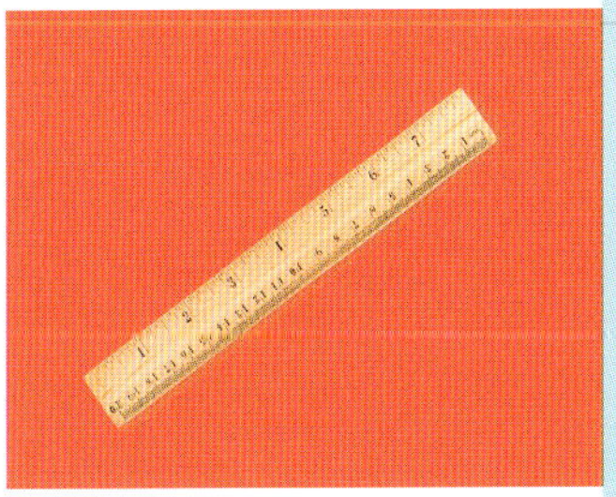

stiff
rígido

All about art
Todo sobre el arte

Here are words about art and the names of some tools we use to make different kinds of art. Think of a picture you would like to create. What tool would you use to create it?

Aquí tienes palabras sobre arte y los nombres de algunas herramientas que usamos para hacer distintos tipos de arte. Piensa en un dibujo que te gustaría hacer. ¿Qué herramienta utilizarías para crearlo?

Mark making
Impresión de marcas

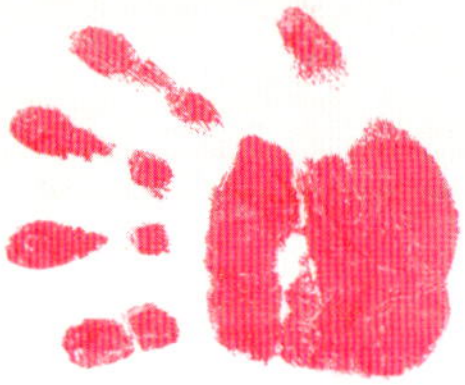

handprint
huella de la mano

footprint
huella del pie

fingerprints
huellas dactilares

quill
pluma

pen
pluma

pen
bolígrafo

ink
tinta

marker pen
marcador

pencils
lápices

chalk
tiza

crayons
ceras

charcoal
carboncillo

wooden stamp
sello de madera

paints
pinturas

Making things
Hacer cosas

sculpture
escultura

painting
pintura

collage
collage

architecture
arquitectura

pottery
cerámica

Digital art
Arte digital

photography
fotografía

camera
cámara
zoom
lens
objetivo
con zoom

close-up
primer plano

long shot
vista general

animation
animación

digital painting
ilustración digital

Colours
Colores

primary colours
colores primarios
mixing colours
mezclar colores

Tones
Tonos

tint
tinta
shadow
sombra
shade
sombreado
highlight
destacado
lighter
colours
colores más
claros
darker
colours
colores más
oscuros

Lines and patterns
Líneas y patrones

These words help us to describe patterns and designs. What patterns do you like?

Estas palabras nos ayudan a describir patrones y diseños. ¿Qué patrones te gustan?

If you were decorating a T-shirt with lines, which of the lines below would you choose?

Si tuvieras que decorar una camiseta con líneas, ¿cuál de estas líneas elegirías?

straight
rectas

horizontal
horizontales

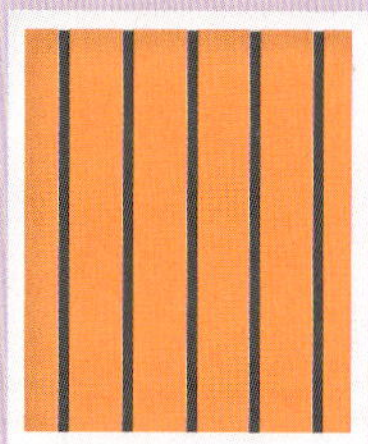

vertical
verticales

diagonal
diagonales

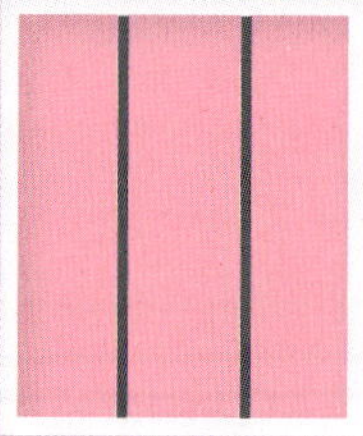

parallel
paralelas

perpendicular
perpendiculares

grid
cuadrícula

crosses
cruces

spirals
espirales

crosshatch
trama cruzada

smudged
emborronadas

waves
onduladas

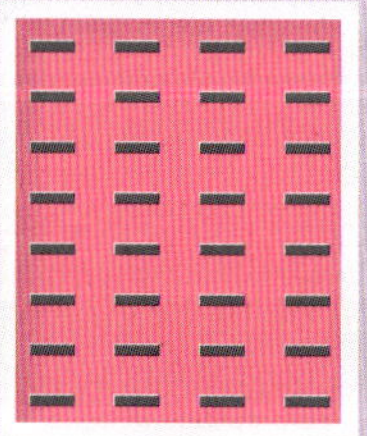

dashed
discontinuas

zigzag
zigzag

scalloped
festoneadas

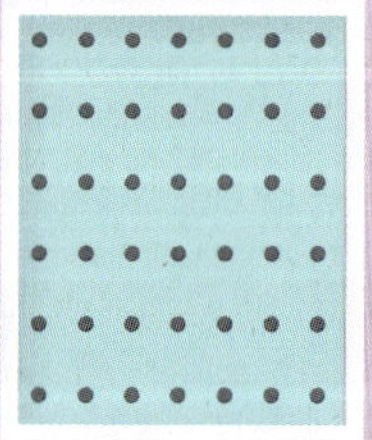

dotted
de puntos

loops
bucles

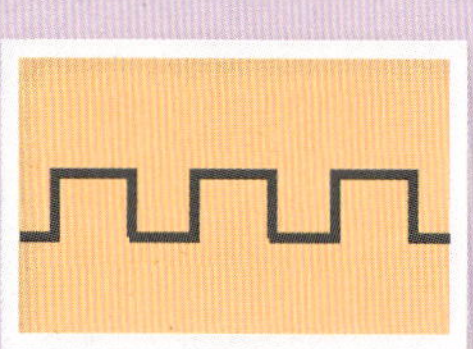

joined horizontal and vertical
horizontales y verticales unidas

bouncy
de botes

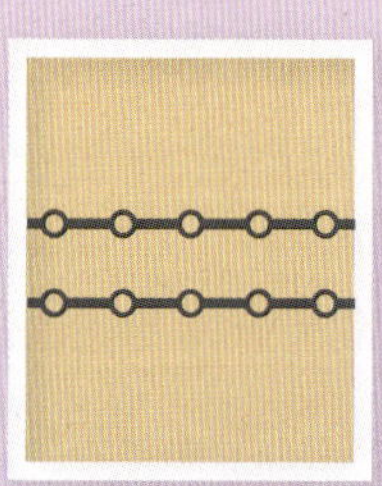

circle chain
cadena de círculos

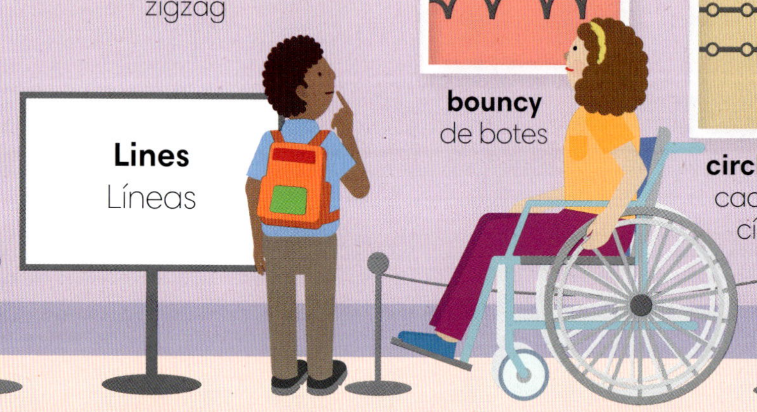

Patterns
Patrones

checks
cuadros

repeating
repetitiva

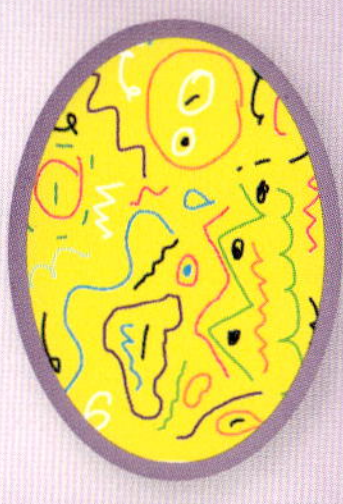
random
al azar

overlapping
superpuesta

geometric patterns
patrones geométricos

stars
estrellas

tartan
tartán

polka dots
lunares

hearts
corazones

radiating
radiante

simple
sencilla

complex
compleja

Which pattern would you choose for your bedroom wallpaper?
¿Qué patrón elegirías para el papel pintado de tu cuarto?

Patterns in nature
Patrones en la naturaleza

mirror symmetry
simetría especular

tessellating shapes
formas teseladas

spotty
moteado

unique
único

fivefold symmetry
simetría quíntuple

stripy
rayado

rainbow stripes
rayas de arcoíris

Designing and making
Diseñar y fabricar

Here are words we use when we design and make things, and words for tools and machines. What would you like to make?

Aquí tienes palabras que utilizamos cuando diseñamos y fabricamos cosas, y palabras para designar herramientas y máquinas. ¿Qué te gustaría hacer?

Designing
Diseñar

explain ideas
explicar ideas
develop ideas
desarrollar ideas
mock-up
maqueta
final idea
idea final
model
modelo

Making
Fabricar

cutting
cortar

constructing
construir

shaping
dar forma

weaving
tejer

Joining
Unir

stick
encolar

tape
unir con cinta adhesiva

tie
atar

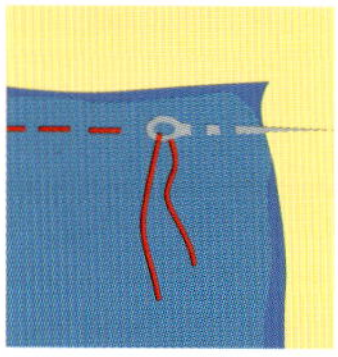

sew
coser

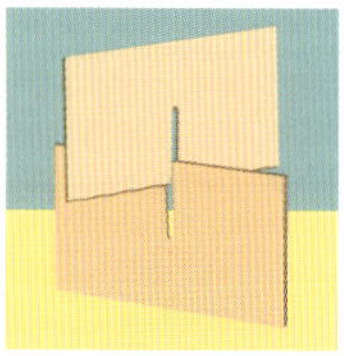

slot
encajar

split pin
pasador dividido

flange
pestaña

Finishing
Acabar

varnishing
barnizar

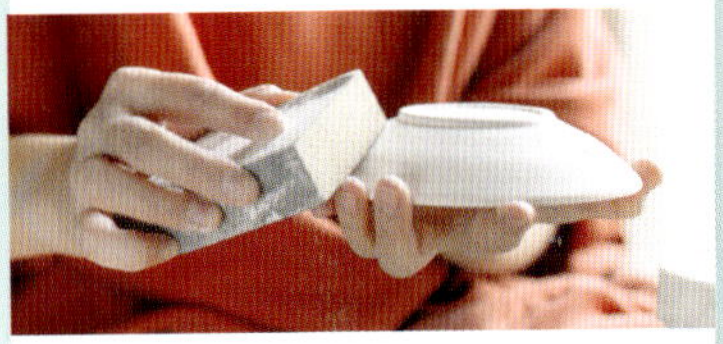

polishing
pulir

Evaluating
Evaluar

model boat
Maqueta de barco

Adjusting
Ajustar

wobbly
inestable

steadier
más estable

floppy
fláccido

stiffened
rígido

strengthened
reforzado

stick
palo

Tools
Herramientas

sewing needle
aguja de coser

glue stick
barra de pegamento

paintbrush
brocha

weaving needle
aguja de tejer

screwdriver
destornillador

pencil
lápiz

scissors
tijeras

Simple machines and technology
Máquinas simples y tecnología

lever
palanca

load
peso

effort
esfuerzo

fulcrum
punto de apoyo

pulley
polea

ladder
escalera

screw
tornillo

wheels
ruedas

axle
eje

ramp
rampa

chassis (body)
chasis (cuerpo)

Talking about cooking
Hablar de cocinar

These words name cooking equipment and help us talk about activities we do in the kitchen.

Estas palabras nombran los utensilios de cocina y nos ayudan a hablar de las actividades que hacemos en la cocina.

What equipment might you use when making a cake?
¿Qué equipo podrías utilizar para hacer una tarta?

Preparing to cook
Prepararse para cocinar

put on an apron
ponerse un delantal

clean and dry surfaces
limpiar y secar las superficies

cleaning cloths
bayetas

Always ask an adult to help you when cooking and when using knives.
Pide siempre ayuda a un adulto para cocinar y utilizar cuchillos.

wash your hands
lavarse las manos

Kitchen utensils
Utensilios de cocina

grater
rallador

mixing bowl
bol mezclador

colander
colador

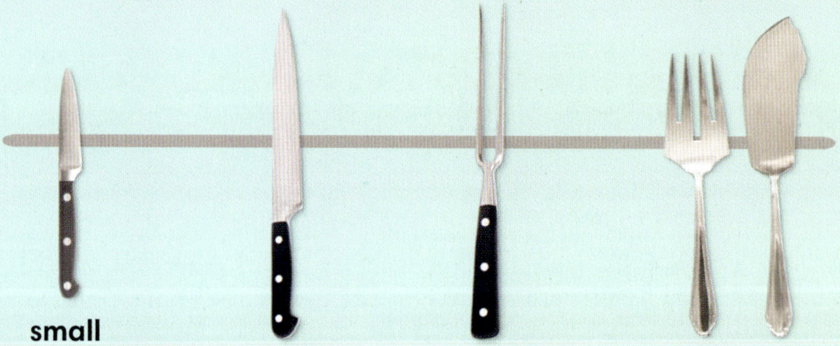

small vegetable knife
cuchillo pequeño para verduras

carving knife
cuchillo de trinchar

carving fork
tenedor de trinchar

fish serving fork and serving knife
tenedor y cuchillo de servir pescado

Cooking
Cocinar

make cakes
hacer pasteles

cakes on a baking tray
pasteles en una bandeja de horno

wok
wok
handheld blender
batidora de mano
tongs
pinzas
spatula
espátula
ladle
cucharón
whisk
batidor
wooden spoon
cuchara de madera
jug
jarra
funnel
embudo
rolling pin
rodillo
chopping board
tabla de cortar
cookie cutter
cortador de galletas
saucepan
cazo
pastry brush
pincel de repostería
ice cream scoop
cuchara para helado
sieve
colador
tin opener
abrelatas
frying pan
sartén

Clearing up
Limpiar

wash up
lavar
washing-up liquid
líquido lavavajillas
cleaning spray
espray de limpieza
load the dishwasher
poner el lavavajillas
washing-up sponge
estropajo
wipe surfaces
limpiar las superficies

Different foods
Distintas comidas

Here are words for some foods and the main food groups. The study of food and how it works in our bodies is called "nutrition". What's important is enjoying food and eating healthily.

Aquí tienes palabras para algunos alimentos y para los principales grupos de alimentos. El estudio de los alimentos y de cómo actúan en nuestro organismo se llama "nutrición". Lo importante es disfrutar de la comida y comer sano.

Fruit and vegetables
Frutas y verduras

pineapple
piña

fruit kebabs
brochetas de fruta

salad
ensalada

carrots
zanahorias

courgette
calabacín

aubergine
berenjena

apples
manzanas

cauliflower
coliflor

raisins
pasas

fish
pescado

eggs
huevos

chickpeas
garbanzos

tofu
tofu

beef steak
filete

chicken
pollo

Proteins
Proteínas

What fruits and vegetables would you like to eat today?
¿Qué frutas y verduras te gustaría comer hoy?

Where is your food from?
¿De dónde viene lo que comes?

bread
pan

wheat
trigo

ginger
jengibre

underground stem of the ginger plant
tallo subterráneo de la planta de jengibre

blueberries
arándanos

blueberry plant
planta de arándanos

chocolate
chocolate

seeds of the cacao tree
semillas del árbol del cacao

Treats
Caprichos

fruit smoothie
batido de frutas

cookies
galletas

Starchy carbohydrates
Hidratos de carbono con almidón

oats
avena

pasta
pasta

pita breads
pitas

noodles
fideos

baguette
barra de pan

bran flakes
copos de salvado

potatoes
patatas

rice
arroz

Oils
Grasas

butter
mantequilla

olive oil
aceite de oliva

Dairy and dairy alternatives
Lácteos y alternativas lácteas

soya milk
leche de soja

coconut yoghurt
yogur de coco

cheese
queso

milk
leche

nuts
frutos secos

kidney beans
alubias

Know your world
Conocer el mundo

Some nouns help us to name different places on Earth, including lands and oceans. We also use nouns for the directions on a compass.

Algunos sustantivos nos ayudan a nombrar distintos lugares del planeta, como las tierras y los océanos. También utilizamos sustantivos para las direcciones de una brújula.

Rocky Mountains
montañas Rocosas

Compass
Brújula

North
norte

Northwest
noroeste

Northeast
nordeste

West
oeste

East
este

N
NE
E
SE
S
SW
W
NW

Southwest
sudoeste

Southeast
sudeste

South
sur

Pacific Ocean
océano Pacífico
North America
América del Norte
Atlantic Ocean
océano Atlántico
equator
ecuador
South America
América del Sur

Amazon Rainforest
selva amazónica

Point to the part of the world you live in.

Señala la parte del mundo en la que vives.

Antarctic Desert
desierto antártico

cold desert
desierto frío

Viewing our world
Observar nuestro mundo

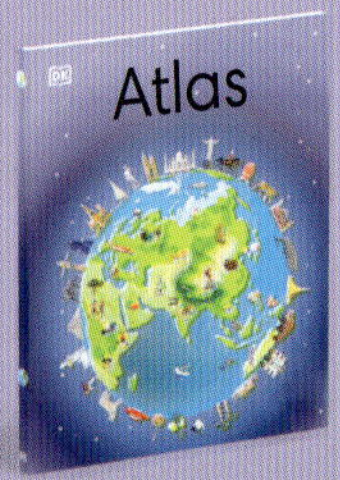

Atlas

atlas
atlas

globe
globo terráqueo

aerial photograph
fotografía aérea

Alps Mountain Range
cordillera de los Alpes

World map

mapa del mundo

Find the nouns for the seven continents and the five oceans of our world.

Encuentra los nombres de los siete continentes y los cinco océanos de nuestro planeta.

map
mapa

cartographer (draws maps)
cartógrafo (dibuja mapas)

Arctic Ocean
océano Ártico
Europe
Europa
Asia
Asia
Gobi Desert
desierto de Gobi
cold desert
desierto frío
Africa
África
Indian Ocean
océano Índico
Pacific Ocean
océano Pacífico
Sahara Desert
desierto del Sahara
Australia
Australia
Great Victoria Desert
Gran Desierto de Victoria
Southern Ocean
océano Antártico
hot desert
desierto cálido
hot desert
desierto cálido
Antarctica
Antártida

Natural landscapes and seascapes
Paisajes naturales y marinos

These words name natural areas of the land and the sea in our world. Some of these places are protected because they are so spectacular and unique.

Estas palabras nombran zonas naturales de la tierra y el mar en nuestro planeta. Algunos de estos lugares están protegidos porque son espectaculares y únicos.

Which of the places in these pictures would you like to visit?

¿Cuál de los lugares de estas fotos te gustaría visitar?

Land
Tierra

coast
costa

peninsula
península

mountain range
cordillera

dry canyon
cañón seco

mound
montículo

cave
cueva

lowlands
tierras bajas

highlands
tierras altas

Water
Agua

ocean
océano

bay
bahía

harbour
puerto

lagoon
laguna

inlet
grao

atoll
atolón

lake
lago

river
río

stream
arroyo

river gorge
garganta de río

waterfall
cascada

glacier
glaciar

Some plant environments
Algunos entornos vegetales

forest
bosque

woodland
zona boscosa

rainforest
bosque tropical

savannah
sabana

prairie
pradera

tundra
tundra

Protected places
Lugares protegidos

Servicio de Parques Nacionales
Parque Nacional Zion
National Park Service
Zion National Park

national park
parque nacional

wilderness area
espacio natural

nature reserve
reserva natural

natural monument
monumento natural

protected seascape
paisaje marino protegido

World Heritage sites
Patrimonio de la Humanidad

Created landscapes
Paisajes creados

Here are words for places, buildings, and other things that are created in landscapes by humans. Are you sitting in a building? What is it called?

Aquí tienes palabras para designar lugares, edificios y otras cosas creadas en los paisajes por el ser humano. ¿Estás sentado dentro de un edificio? ¿Cómo se llama?

Where we live and work
Dónde vivimos y trabajamos

village
pueblo

town
ciudad

city
ciudad

farm
granja

house
casa

bungalow
casa de campo

apartment block
bloque de apartamentos

shop
tienda

school
escuela

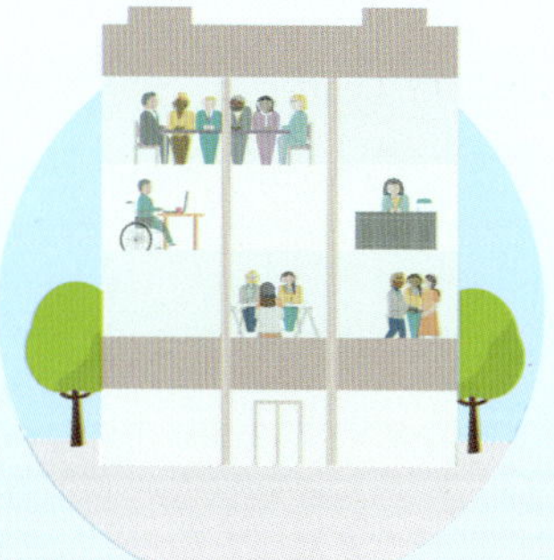

office
oficina

factory
fábrica

Services
Servicios

port
puerto

pier
muelle

lighthouse
faro

dam
presa

reservoir
embalse

oil rig
plataforma petrolífera

electricity pylons
torres eléctricas

wind farm
parque eólico

cycle lane
carril bici

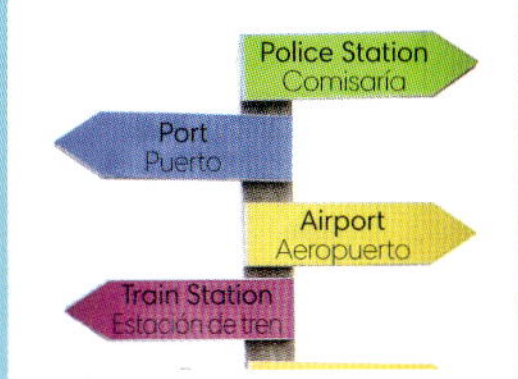

direction signs
señales de dirección

flyover
paso elevado

bridge
puente

railway bridge
puente de ferrocarril

drain
desagüe

sewer
alcantarilla

Fun places to visit
Lugares divertidos para visitar

park
parque

adventure park
parque de aventura

waterpark
parque acuático

leisure centre
centro recreativo

city farm
granja urbana

museum
museo

statue
estatua

castle ruins
castillo en ruinas

ancient wall
antigua muralla

prehistoric monument
monumento prehistórico

Long, long ago
Hace mucho tiempo

We name large groups of people from long ago "ancient civilizations". They existed thousands of years ago. Here are some ancient civilizations. Objects from the past help us to learn about them.

Llamamos "civilizaciones antiguas" a grandes grupos de personas que vivieron hace mucho tiempo, hace miles de años. Estas son algunas civilizaciones antiguas. Los objetos del pasado nos ayudan a conocerlas.

Find some words that mean ruler or monarch.

Busca palabras que signifiquen gobernante o monarca.

Ancient Egypt
Antiguo Egipto

pyramids
pirámides
pharaoh
faraón
make-up
maquillaje
papyrus
papiro
hieroglyphs
jeroglíficos

Ancient China
Antigua China

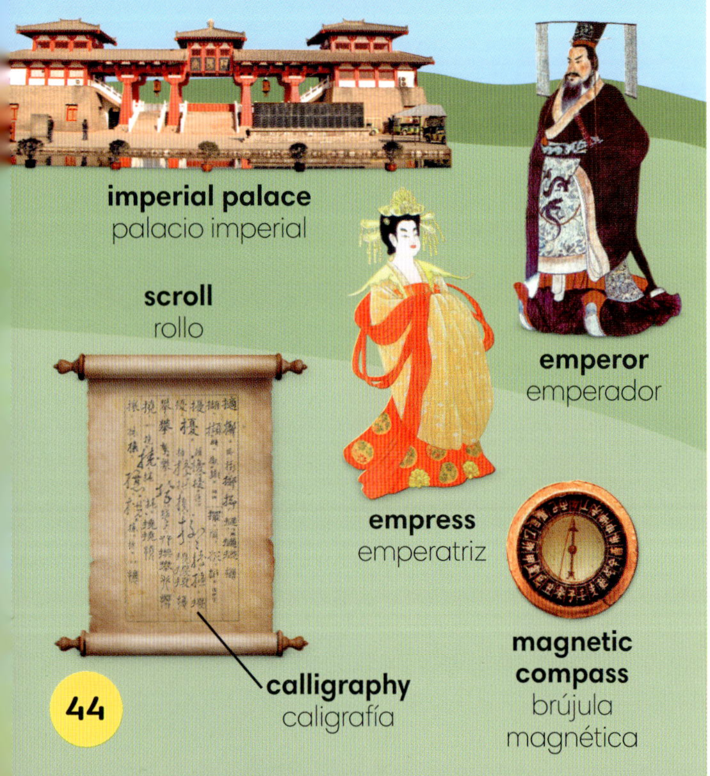

imperial palace
palacio imperial
scroll
rollo
emperor
emperador
empress
emperatriz
magnetic compass
brújula magnética
calligraphy
caligrafía

Mesoamerica
Mesoamérica

temple
templo
Mayans
mayas
Mayan calendar system
sistema de calendario maya
Mayan headdress
tocado maya
lady
dama
lord
señor

Ancient Rome
Antigua Roma

aqueduct
acueducto

emperor
emperador

empress
emperatriz

Romans
romanos

gladiator
gladiador

Roman road
calzada romana

The Ghana Empire
Imperio de Ghana

salt trade
comercio de sal

blocks of salt
bloques de sal

camel caravan
caravana de camellos

gold (used for trade and decorative objects)
oro (usado para el comercio y para objetos decorativos)

king
rey

iron tools
herramientas de hierro

Ancient Greece
Antigua Grecia

ancient Olympic Games
antiguos Juegos Olímpicos

philosopher
filósofo

king
rey

ruler
gobernante

actors
actores

theatre
teatro

discus throwing
lanzamiento de disco

chariot racing
carreras de carros

Transport over time
El transporte en el tiempo

Like other things, transport has changed over time. Let's discover words for types of transport through the ages. Which one of these would you like to try?

Como otras cosas, el transporte ha cambiado con el tiempo. Descubramos palabras con las que designar tipos de transporte a lo largo de la historia. ¿Cuál te gustaría probar?

Air
Aire

hot-air balloon
globo aerostático

airship
dirigible

first powered aeroplane
primer avión propulsado

Water
Agua

dugout (hollowed log boat)
cayuco (barco de tronco hueco)

galleon
galeón

horse-drawn narrow boat
barcaza tirada por caballos

Land
Tierra

walking
caminar

horse riding
montar a caballo

camel riding
montar a camello

ancient Roman chariot
antiguo carro romano

e-bikes for hire
bicicletas eléctricas de alquiler

hybrid car
coche híbrido

high-speed train
tren de gran velocidad

space tourism rocket plane
cohete avión de turismo espacial

space shuttle
transbordador espacial

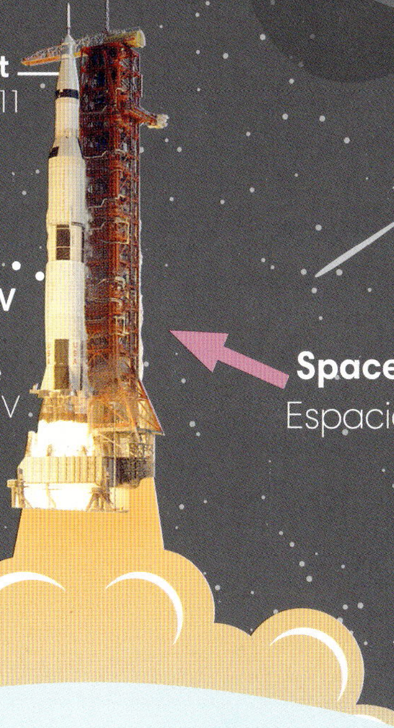

Apollo 11 spacecraft
nave Apolo 11

Saturn V rocket
cohete Saturno V

Space
Espacio

passenger transport helicopter
helicóptero de transporte de pasajeros

jet airliner
avión de reacción

steamboat
barco de vapor

car ferry
ferri de automóviles

river bus
lancha colectiva

modern cruise ship
crucero moderno

sedan chair
silla de manos

Victorian handcart
carro de mano victoriano

covered frontier wagon
carro cubierto

steam-powered train
tren de vapor

electric bus
autobús eléctrico

electric tram
tranvía eléctrico

Penny Farthing
biciclo

omnibus
omnibús

Digital communication

Comunicación digital

Here are words we use to talk about gadgets, computers, and sending information electronically. What digital devices have you used?

Estas son las palabras que utilizamos para hablar de aparatos, ordenadores y envío de información por vía electrónica. ¿Qué dispositivos digitales has utilizado?

Digital devices

Dispositivos digitales

tablet
tableta

smartphone
teléfono inteligente

digital camera
cámara digital

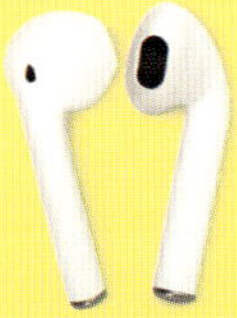

wireless earbuds
auriculares inalámbricos

laptop
ordenador portátil

microphone
micrófono

gaming headset
auriculares para juegos

gaming console and gaming controller
consola y mando de juegos

television
televisor

screen, processor, memory, and hard drive
pantalla, procesador, memoria y disco duro

mouse
ratón

keyboard
teclado

desktop personal computer
ordenador personal de sobremesa

webcam
cámara web

printer
impresora

interactive whiteboard
pizarra interactiva

We need to use digital devices with great care so that we keep ourselves and our information safe. Ask a trusted adult to help you with this.

Debemos utilizar los dispositivos digitales con mucho cuidado para mantener nuestra seguridad y la de nuestra información. Pide ayuda a un adulto de confianza.

Communication and computer symbols

Símbolos de comunicación y ordenadores

login
conexión

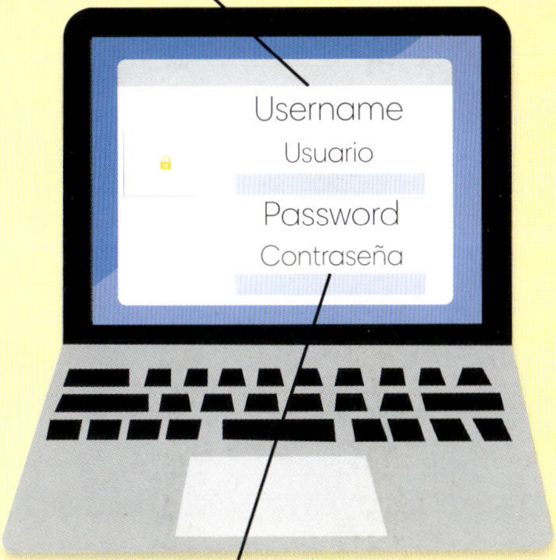

personal information
información personal

privacy
privacidad

security
seguridad

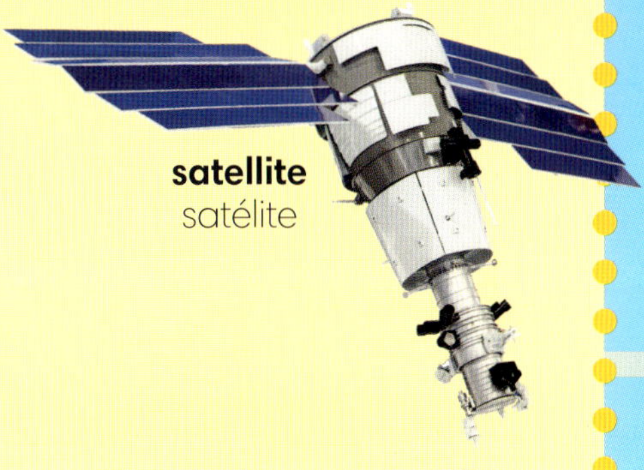

satellite
satélite

Wi-Fi
wifi

document
documento

compose
redactar

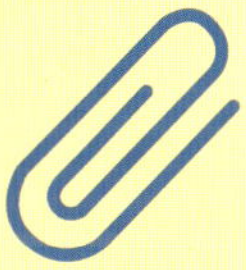

attachment
adjunto

text
texto

avatar
avatar

messaging
mensajería

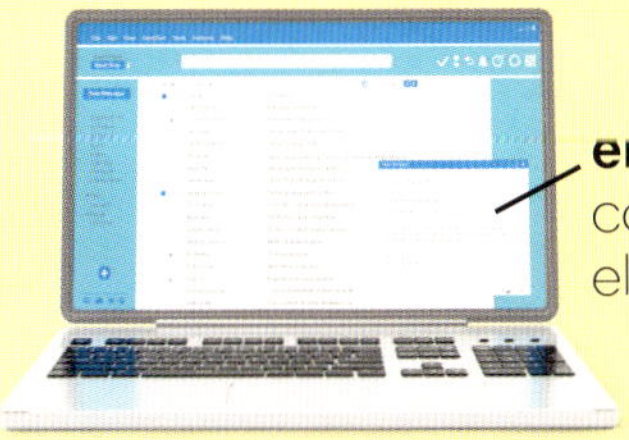

email
correo electrónico

chatbot (a computer program that replies to messages)
chatbot (programa informático que responde a mensajes)

chat
chat

friends
amigos

sharing
compartir

apps
app

social media
redes sociales

video call
videollamada

Creating and presenting
Crear y presentar

Let’s look at words we use when we collect information, create something from information, and share information with others.

Veamos las palabras que utilizamos al recopilar información, crear algo a partir de la información y compartir información con otros.

Finding information
Encontrar información

Search
Buscar

web browser
navegador web

https://www.internet.com
https://www.internet.com

URL (Uniform Resource Locator) also known as web address
URL (localizador uniforme de recursos) también se denomina dirección web

reading and researching
leer e investigar

asking questions
hacer preguntas

visiting a library
visitar una biblioteca

visiting a museum
visitar un museo

going on a field trip
hacer una salida de campo

interviewing friends and family
entrevistar a amigos y familiares

collecting
recolectar

finding pictures
buscar imágenes

Handling information
Manejar información

Leaf sizes
Tamaños de hojas
Big
Grandes
Medium
Medianas
Small
Pequeñas

sort
ordenar

Sorting fruit
Clasificar frutas
Red fruits
Frutas rojas
Berries
Bayas
Fruits that are red and a berry
Frutas que son rojas y son bayas

Venn diagram
diagrama de Venn

Which is the most popular pet?
¿Cuál es la mascota más popular?

tally marks
marcas de recuento

6
4
5

tally chart
tabla de recuento

7
6
5
4
3
2
1
0

bar chart
gráfico de barras

table
tabla

pie chart
gráfico circular

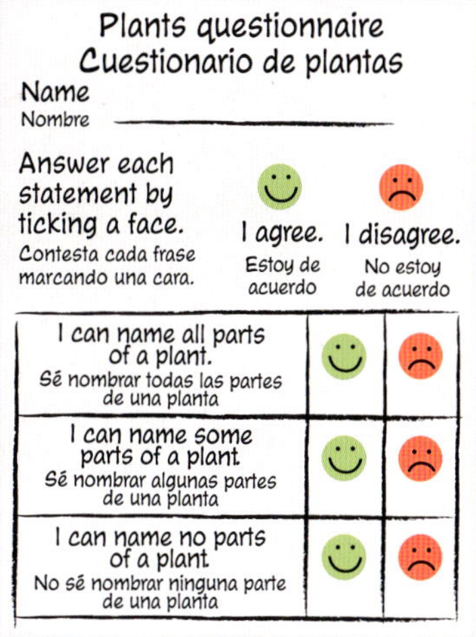

Plants questionnaire
Cuestionario de plantas
Name
Nombre
Answer each statement by ticking a face.
Contesta cada frase marcando una cara.
I agree.
Estoy de acuerdo
I disagree.
No estoy de acuerdo
I can name all parts of a plant.
Sé nombrar todas las partes de una planta
I can name some parts of a plant
Sé nombrar algunas partes de una planta
I can name no parts of a plant
No sé nombrar ninguna parte de una planta

questionnaire
cuestionario

survey
encuesta

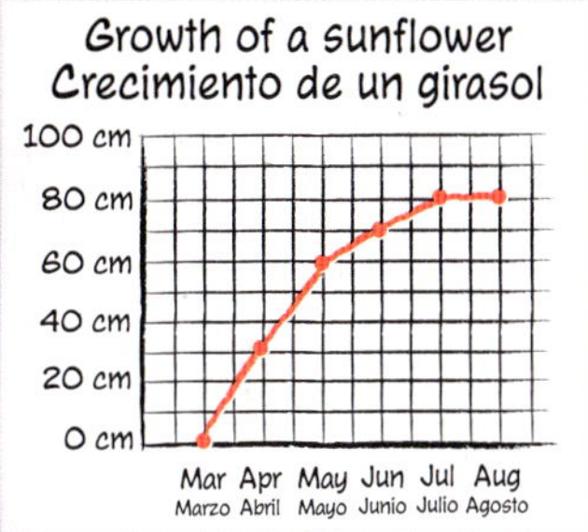

Growth of a sunflower
Crecimiento de un girasol
100 cm
80 cm
60 cm
40 cm
20 cm
0 cm
Mar Apr May Jun Jul Aug
Marzo Abril Mayo Junio Julio Agosto

graph
gráfico

Creating
Crear

drawing pictures
hacer dibujos

making notes
tomar notas

How to grow a sunflower
Cómo cultivar un girasol

filming
filmar

Presenting
Presentar

poster
póster

How to grow a sunflower
Cómo cultivar un girasol
1
2
3
4
5

presentation
presentación

Slide 1
Diapositiva 1
How to grow a sunflower
Cómo cultivar un girasol
A step-by-step guide
Guía paso a paso

slide show
presentación de diapositivas

vlog
videoblog

blog
blog

blog
blog

livestream
transmisión en directo

Technology innovations
Innovaciones tecnológicas

The language we use for digital toys and equipment is ever-changing. Some innovations are just for fun and games. Others help us with challenges in life.

Las palabras que utilizamos para los juguetes y los equipos digitales cambian constantemente. Algunas innovaciones son solo para entretenernos y jugar. Otras nos ayudan con las necesidades de la vida.

Which of these things would you like to use?

¿Cuál de estas cosas te gustaría utilizar?

Innovations that entertain us
Innovaciones que nos entretienen

talking electronic pet
mascota electrónica parlante

virtual reality headset
casco de realidad virtual

virtual reality (VR) app (makes you feel like you are in a world created by a computer)
aplicación de realidad virtual (RV) (te hace sentir como si estuvieras en un mundo creado por ordenador)

touch-sensitive plasma light
luz de plasma táctil

augmented reality (AR) app (puts 3-D computer images in the real world)
aplicación de realidad aumentada (RA) (pone imágenes tridimensionales de ordenador en el mundo real)

voice-changer toy
juguete que cambia la voz

Interactive projections
Proyecciones interactivas

projector
proyector

floor
suelo

wall
muro

Innovations that help us (some entertain us too!)
Innovaciones que nos ayudan (¡algunas también nos entretienen!)

e-book
libro electrónico

e-reader
lector de libros electrónicos

smartwatch
teléfono inteligente

multitouch table
mesa multitáctil

voice assistant
asistente de voz

robotic prosthetic
prótesis robótica

gloves that change sign language into speech
guantes que traducen el lenguaje de señas en habla

smart glasses that read out text
gafas inteligentes que leen textos en voz alta

e-scooters
patinete eléctrico

micro e-car
microcoche eléctrico

camera
cámara

quadcopter drone
dron cuadricóptero

3-D printer
impresora 3-D

adaptive gaming controller (for gamers who have a disability)
mando de juego adaptable (para jugadores con discapacidad)

green screen
pantalla verde

USB microscope (for viewing tiny images on a computer)
microscopio USB (para ver imágenes diminutas en un ordenador)

educational robot toy
robot educativo de juguete

portable water purifier
purificador de agua portátil

neck fan
ventilador de cuello

robot waiter
robot camarero

Making music
Hacer música

We use these words when we talk and write about music. We can perform music in fun ways, solo or with others.

Utilizamos estas palabras cuando hablamos y escribimos sobre música. Podemos interpretar música de formas divertidas, solos o con otros.

sound
sonido

Body percussion
Percusión corporal

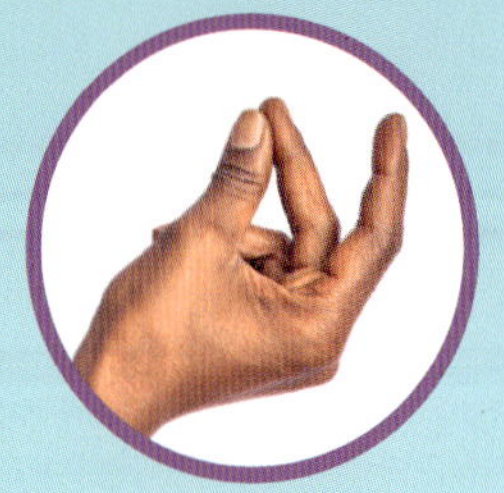

click
chasquido

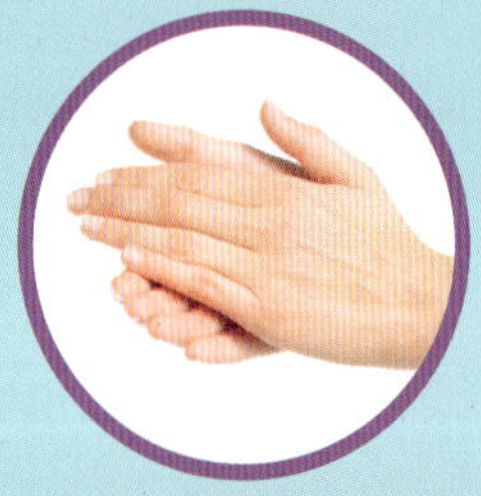

clap
palmas

stomp
pisada

pat
palmada

Performing music
Interpretar música

solo
solo

duet
dúo

choir
coro

rock band
banda de rock

orchestra
orquesta

rap group
grupo de rap

Instruments
Instrumentos

Percussion
Percusión

mallets
mazas

xylophone
xilófono

piano (percussion and strings)
piano (percusión y cuerdas)

tambourine
pandereta

steel pans
tambores metálicos

drums
tambores

Strings
Cuerdas

bow
arco

violin
violín

guitar
guitarra

Do you play a musical instrument? If not, which instrument would you like to play?

¿Tocas algún instrumento? Si no, ¿qué instrumento te gustaría tocar?

Woodwind
Madera

clarinet
clarinete

flute
flauta

Brass
Metal

French horn
trompa

trumpet
trompeta

tuba
tuba

Reading music
Leer la música

musical notes
notas musicales

crotchet notes
negras

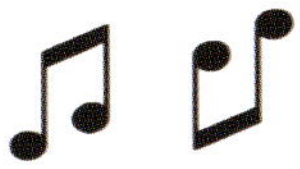

quaver notes
corcheas

The speed of a piece of music (tempo)
Velocidad de una pieza musical (tempo)

adagio (slowly like a turtle's movement)
adagio (lento como el movimiento de una tortuga)

allegro (quickly like a cheetah's movement)
allegro (rápido como el movimiento de un guepardo)

Playing sports
Practicar deportes

Here are words for some sports, some skills we use in sports, and some sports equipment. Which sports do you play or like to watch?

Aquí tienes palabras para algunos deportes, habilidades que utilizamos en los deportes y equipamientos deportivos. ¿Qué deportes practicas o te gusta ver?

resilient
resistencia

balancing
equilibrio

skateboarding
monopatín

athletics
atletismo

speed
velocidad

table tennis
tenis de mesa

quick reflexes
buenos reflejos

swimming
natación

floating
flotación

padel tennis
pádel

teamwork
trabajo en equipo

leaping
saltar

volleyball
voleibol

wheelchair tennis
tenis en silla de ruedas

precision
precisión

football
fútbol

accuracy
precisión

shinguard
espinillera

attacking
atacar

defending
defender

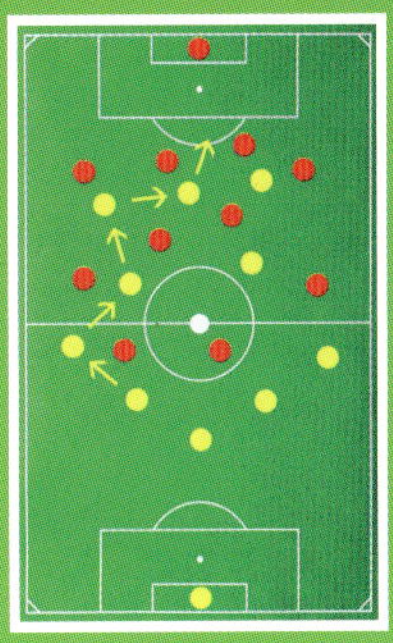

tactics
táctica

basketball
baloncesto

shooting
lanzar

throwing
tirar

karate
karate

coordination
coordinación

gymnastics
gimnasia

power
potencia

baseball
béisbol

glove
guante

catching
recepción

ice hockey
hockey sobre hielo

helmet
casco

passing
pasar

endurance
resistencia

mountain biking
bicicleta de montaña

Three super sports!
¡Tres superdeportes!

Let's learn words for different kinds of athletics, gymnastics, and swimming.

Aprendamos palabras para diferentes tipos de atletismo, gimnasia y natación.

Which do you like best: running fast, swinging from bars in a playground, or splashing in a swimming pool?

¿Qué te gusta más: correr rápido, columpiarte de las barras de un parque infantil o chapotear en una piscina?

Athletics
Atletismo

Track events
Pruebas de pista

sprint
esprint

relay
relevos

long-distance running
carrera de fondo

hurdles
carrera de vallas

steeplechase
carrera de obstáculos

Field events
Pruebas de campo

high jump
salto de altura

pole vault
salto con pértiga

long jump
salto de longitud

hammer
martillo

javelin
jabalina

shot put
lanzamiento de peso

discus
disco

Road running
Carrera en carretera

marathon
maratón

Gymnastics
Gimnasia

still rings
anillas

parallel bars
barras paralelas

high bar
barra fija

uneven bars
barras asimétricas

vault
potro

pommel horse
caballo con arcos

balance beam
barra de equilibrio

floor exercise
ejercicio de suelo

tumbling gymnastics
gimnasia de volteo

acrobatic gymnastics
gimnasia acrobática

trampoline gymnastics
gimnasia en trampolín

rhythmic gymnastics
gimnasia rítmica

Swimming and diving
Natación y salto

breaststroke
braza

backstroke
espalda

butterfly
mariposa

artistic swimming
natación sincronizada

diving
salto

front crawl
crol

freestyle
estilo libre

Play and explore
Jugar y explorar

We are learning even when we are playing. Let's discover words for play areas, learning areas, and fun play equipment.

Aprendemos incluso al jugar. Descubramos las palabras de las zonas de juego y aprendizaje y de divertidos materiales de juego.

Come and write!
¡Ven a escribir!

writing area
zona de escritura

painting area
zona de pintura

Playing inside
Jugar en el interior

dressing-up area
zona de disfraces

reading den
cabaña de lectura

beanbag
puf

sensory play
juego sensorial

construction
construcción

playdough
plastilina

You can play at any age! How will you play when you are grown up?

Se puede jugar a cualquier edad. ¿Cómo jugarás cuando seas mayor?

Playing outside
Jugar fuera

outdoor stage
escenario al aire libre

climbing frame
estructura para trepar

tree swing
columpio en un árbol

parachute
paracaídas

hill to roll down
colina para bajar rodando

tunnel
túnel

bridge
puente

climbing net
red para trepar

slide
tobogán

trampoline
cama elástica

seesaw
balancín

light and sound play
juego de luz y sonido

parasol
parasol

sand tray
bandeja de arena

water tray
bandeja de agua

balls
pelotas

nature area
zona natural

growing things
cultivar cosas

play cooking
jugar a cocinar

hopscotch
rayuela

stepping stones
camino de piedras

play mat
alfombra de juego

buddy bench
banco de amigos

mud kitchen
cocina de barro

Learning everywhere!
¡Aprender en todas partes!

Here are words we use to talk about school, clubs, and learning. We can learn anytime and anywhere, before, during, and after our school life.

Estas son las palabras que utilizamos para hablar de la escuela, los clubes y el aprendizaje. Podemos aprender en cualquier momento y lugar, antes, durante y después de nuestra vida escolar.

At school
En la escuela

class lining up
clase en fila

registration
pasar lista

lesson time
hora de clase

library time
hora de biblioteca

break time
recreo

music
música

lunchtime
almuerzo

PE (physical education)
educación física

home time
hora de volver a casa

school show
festival escolar

A learning timeline
Calendario de estudios

childcare
puericultura

nursery
guardería

reception
preescolar

Clubs
Clubes

art club
club de arte

drama club
club de teatro

tennis club
club de tenis

sailing club
club de vela

cookery club
club de cocina

Choose a club you'd like to join.
Elige un club al que te gustaría unirte.

dance club
club de baile

football club
club de fútbol

language club
club de idiomas

nature club
club de naturaleza

ski club
club de esquí

School trips and outings
Viajes y salidas escolares

aquarium
acuario

natural history museum
museo de historia natural

gallery
exposición

nature park
parque natural

castle
castillo

primary school
escuela primaria

secondary school
escuela secundaria

colleges and university
instituto y universidad

Agradecimientos

DK quiere agradecer a Dheeraj Arora su ayuda con el diseño de la cubierta, y a Geetam Biswas, Ridhima Sikka, Shubhdeep Kaur, Manpreet Kaur y Samrajkumar su ayuda en la documentación iconográfica.

Los editores agradecen a los siguientes su permiso para reproducir sus fotografías:
(Clave: a: arriba; b: bajo/debajo; c: centro; e: extremo; i: izquierda; d: derecha; s: superior)

1 Dreamstime.com: Isselee (cb); Johnfoto (bd). **2 Dreamstime.com:** Maglara (bi). **3 123RF.com:** lucyfry (cb); Rose-Marie Henriksson / rosemhenri (si). **Dreamstime.com:** Photoeuphoria (cib). **6 Alamy Stock Photo:** H. Mark Weidman Photography (bc); Myrleen Pearson (cia). **Depositphotos Inc:** belchonock (bi). **Dreamstime.com:** Monkey Business Images (bd); Wavebreakmedia Ltd (cda); Yuri Arcurs (cdb). **Getty Images / iStock:** E+ / sturti (cib). **7 123RF.com:** microstockasia (c); nk2549 (cb/valiente). **Dreamstime.com:** Bellevue (bc/puerta); Roman Milert (sc); Thammasak Chuenchom (ci); Chung Jin Mac (sd); Siew Mei Wong (cda); Vitaly Titov (cdb); Yevgen Rychko (bd). **Getty Images / iStock:** E+ / SDI Productions (cb); Olga Ignatova (cib); E+ / davidf (bi); Mr_Khan (bc); evgenyatamanenko (bc/emocionada). **8 Depositphotos Inc:** mstockagency (cdb/cartel). **Dreamstime.com:** Elisabeth Burrell (cb/diccionario); Krischam (cib/x2); Hryhorii Turik (cb). **Getty Images / iStock:** lleerogers (cdb/tarro). **Getty Images:** PhotoAlto Agency RF Collections / Frederic Cirou (bd). **Shutterstock.com:** Mister_X (cdb). **9 123RF.com:** chrupka (bc). **Depositphotos Inc:** luminastock (cib/cuaderno). **Dreamstime.com:** Atman (cia/goma); Christophe Testi (cia); Boggy (ca/pincel); Sergii Kolesnyk (cia/papel); Nao5970 (ca); José Manuel Gelpi Díaz (cia/sacapuntas); Pearljamfan75 (cia/boli); Alexandr Kornienko (cia/mesa); Pictac (ca/regla); Thinglass (cdb); Ruth Black (bi). **Shutterstock.com:** pikcha (ca/tableta). **10 Dreamstime.com:** Wirestock (cb/alfabeto hangul). **Shutterstock.com:** KHARANI (alfabeto). **11 Alamy Stock Photo:** F1online digitale Bildagentur GmbH / f1 online (sd/montaña); Tony French (sd, sd/hombre). **Dreamstime.com:** Andreykuzmin (b); Mila Gligoric (bi). **Getty Images / iStock:** hakule (cb); petekarici (si, sc). **Shutterstock.com:** Mona Ahmed (bd). **13 Dreamstime.com:** Isselee (cb, bc). **Shutterstock.com:** arsa35 (cia). **14 Dreamstime.com:** Torsakarin (bi/alfombra). **Getty Images / iStock:** Salmon Negro (sd). **15 123RF.com:** Rose-Marie Henriksson / rosemhenri (bd). **Dreamstime.com:** Hafiza Samsuddin (si); Guido Vrola (bi/refresco de cola); Torsakarin (cd/alfombra); Pantila Terada (cdb); Anke Van Wyk (bi/bistec). **Getty Images / iStock:** clubfoto (cia/fruta); E+ / LauriPatterson (sd). **16 123RF.com:** Oksana Tkachuk (cdb/flor). **Dorling Kindersley:** Stephen Oliver (cd). **Dreamstime.com:** Grafner (d/2 x helado); Pytyczech (bi); Mikhail Kokhanchikov (bc). **17 123RF.com:** Ekaterina Pereverzeva (d/2 x notas musicales). **Dreamstime.com:** Milic Djurovic (ca/tobogán); Eastmanphoto (cda/ardilla); Svetlana Foote (sd/pájaro). **Getty Images / iStock:** Antagain (bi). **18 123RF.com:** gongzstudio (ca). **Dreamstime.com:** Alexstar (cda); Saravn (ci/bd); Boris Medvedev (cia/tambor); Taweesak Sriwannawit (bi). **Getty Images / iStock:** lightphoto (fondo). **19 123RF.com:** Aliaksei Hintau / viselchak (cdb/libélula); Eric Isselee (cia). **Dorling Kindersley:** Andy and Gill Swash (cib). **Dreamstime.com:** Michael Chatt (bc/alondra); Mikelane45 (cib/reyezuelo); Zhbampton (ca/10 x escarabajo); Prapass Wannapinij / Prapass (cda); Geza Farkas (cb); Isselee (cdb); Mark Turner (cdb/*Meganeura*); Sean Pavone (bd/2 x estanque). **Getty Images / iStock:** lightphoto (bi/4 x fondo). **Shutterstock.com:** Milano M (cb/calendario); Aleksandr Pobedimskiy (cda/caliza, cia/2 x caliza). **20 Shutterstock.com:** BigApple orathai hanthong (b); Mister_X (c); Mega Pixel (cd/dados). **21 123RF.com:** tinna2727 (cia). **Dreamstime.com:** Juan Hernández Carmona (bd/botones); Ennjee (sd/postes); Studioloco (cda). **Getty Images:** Moment / Sergey Mironov (ca/pista). **Getty Images / iStock:** shapecharge (ca). **Shutterstock.com:** FamVeld (si). **23 Alamy Stock Photo:** Geoff du Feu (cda/jaula). **Dreamstime.com:** Roman Milert (sd). **24 Depositphotos Inc:** stockimagefactory.com (cib). **Dreamstime.com:** Aprescindere (cdb); Pavel Kobysh (cia); Elena Schweitzer / Egal (cda); Chernetskaya (ca/botella roja); Cloki (ca/agua); Palians (c/cronómetro); Artiom Storojenco (cd); Madamlead (cb/vaso de precipitados); Anton Starikov (cb/jarra, cb/bol). **Getty Images / iStock:** E+ / pinstock (cb); urfinguss (c). **Shutterstock.com:** Art_Photo (ca); Studio Romantic (bi). **25 Depositphotos Inc:** assumption111 (bd); stockimagefactory.com (ci/niño). **Dreamstime.com:** Piotr Adamowicz (cib/tablero); Tatyana Vychegzhanina (si); Oleg Beloborodov (si/agua); Yunkiphotoshot (sd/niña); Vadim Zakharishchev (ci). **Shutterstock.com:** T.TATSU (cd). **26 Dreamstime.com:** Andriy Dykun (cia); Odarka Rusanenko (cia/bufanda); Evgeny Karandaev (ca, cb/botella); PixMarket (cb); Anton Starikov (ci/rocas, cdb); Sirikornt (ci); Sarah2 (cib); Serg_velusceac (cb/tela). **27 123RF.com:** belchonock (cib/guantes); martyhaas (ca). **Dreamstime.com:** Vlad Ageshin (si/puerta); Nexus7 (si); Fang Jia / Clarkfang (sc/espejo); Audines (sc); Jiri Hera (sd); Sally Herbert (sd/gorro); Irina Tiumentseva (cia); Christophe Testi (cia/lápiz); Timages (ca/botas); Elizabeth Cummings (cda); Luisangel70 (cib); Sharpshot (cb/piedra); George Tsartsianidis (cb); Anna Khomulo (cdb); Alfio Scisetti (cdb/cactus); Ping20k (bi); LOFT39Studio (bi/guijarro); Mycolor (bd/regla). **Shutterstock.com:** ChebanenkoAnn (bd). **28 123RF.com:** Dndavis (cia/huella de la mano); picsfive (6 x cinta). **Dorling Kindersley:** Dave King / Rotring UK Ltd (cda/lápiz). **Dreamstime.com:** MingWei Chan (ci); Hypermania37 (cdb/tiza); Alison Gibson (cdb/textura); Nui7711 (bi/marco); Elena8888 (cib); Chotewang (bi); Dansopdedeel (bi/pintura); Tuja66 (bc); Steven Jones (bd); Valpal (bd/cerámica). **Getty Images / iStock:** spinspinspin (c/2 x textura). **29 Dreamstime.com:** Sergey Kolesnikov (cia/primer plano, ca); Linusy (cib/salpicaduras). **Getty Images / iStock:** ChamilleWhite (bi); Silmen (bd/caballetes); Bob Vector (cda); tovovan (bd). **Getty Images:** Maria Swrd (cia/2 x paisaje). **30 Dreamstime.com:** Andrey Golubtsov (cia); Hibrida13 (cd/trama cruzada); Katrintimoff (cd). **31 123RF.com:** lamika (cb/puntos negros). **Dreamstime.com:** Svitlana Borokh (cia/diamante); Ihor Patsay (cia/hexágono); Cienpies Design / Illustrations (cia/3d hexágono); Samolevsky (cia); arko Savic (si); Costasz (sc); Pimmimemom (sd/mariposa); Aleksandr Rybalko (sd); Doozydo (ca/estrellas); Witchera (ca); Serkorkin (cb); Rebius (cda/guepardo); Lukas Jonaitis (cda); Maria Castellanos (cda/flor); Vectorsoul (cib); Gabriel Robledo (cdb/cebra). **Getty Images / iStock:** DigitalVision Vectors / ulimi (cib/corazones). **Shutterstock.com:** PongMoji (cdb). **32 Dorling Kindersley:** Dave King / Jemma Westing (cda). **Dreamstime.com:** Ansis (cdb); Lightfieldstudiosprod (cib/cortar); Mariia Symchych Navrotska (cib); Jinaritt Thongruay (cdb/tejer). **Getty Images / iStock:** UroshPetrovic (cda/robot). **Shutterstock.com:** Hilch (cia). **33 123RF.com:** Milic Djurovic (cdb/escalera). **Dreamstime.com:** Jaroslaw Grudzinski / jarek78 (cib/tornillo); Victor Savushkin (cia/aguja); Dmitry Marchenko (cia); Alfio Scisetti (cda). **Shutterstock.com:** 3Dalia (cib); Hayran1 (ci); Olezzo (si). **34 Dreamstime.com:** Luisa Vallon Fumi (cd); Melica (ca); Anton Starikov (ca/bol); Wolna (cda); Bohuslav Jelen (c/x2). **Getty Images / iStock:** Garrett Aitken (cib); Baloncici (cib/toalla verde). **35 123RF.com:** lucyfry (ca/estrella). **Dreamstime.com:** Blackslide (si/wok); VectorHome (si); Gavran333 (sc/pinzas, ca/tablero); Eric Simard (sc); Maglara (cia); Viacheslav Krisanov (ca); Nikolai Sorokin (cda); Desiga (ci); Littleman (cib); Thomas Gowanlock (cd); Dio5050 (bd). **36 Dreamstime.com:** Andersastphoto (cib/coliflor); Fortyforks (cda); Johnfoto (cda/ensalada); Hyrman (ci); Jaroslaw Grudzinski (c); Rimglow (cb); Kkovaleva (cb/manzanas); Edward Westmacott (cdb/pescado); Anita Kumari (cdb); Atman (cb/huevos); Kaiskynet (cib); Santusya (bc); Ulga (cb/bistec); Marazem (bd/pollo). **37 123RF.com:** natika (sc/jengibre). **Depositphotos Inc:** serezniy (cib/yogur). **Dreamstime.com:** Artjazz (cda/cacao); Prostockstudio (bi); Ovydyborets (cib); Szemeno (si); Margo555 (si/harina); Anat Chantrakool (sc, cb); Nevinates (cib/frutos secos, cia, cib); Voltan1 (cia/planta); Gresei (ca); Donna Marie Vincent (cia/avena); Iaroshenkomarina (cia/pasta); Max Lashcheuski (cda/fideos); Puripat Khummungkhoon (cib/leche); Valentyn75 (cb/aceite); Oriori (bc/jarra). **Getty Images / iStock:** E+ / ma-k (sd); subodhsathe (cdb/arroz). **Shutterstock.com:** Suradech Prapairat (cda). **38 Dreamstime.com:** Photoeuphoria (cib); Mariusz Prusaczyk (cb); Aleh Varanishcha (bi); Staphy (bc); Teresa Virbickis (sd). **Getty Images / iStock:** Denis Lytiagin (cia). **39 Dreamstime.com:** Elenatur (si); Lacheev (sd); Simone Matteo Giuseppe Manzoni (bi). **Getty Images / iStock:** Photo Italia LLC (bd). **Getty Images:** Stone / Timothy Allen (cd). **40 Alamy Stock Photo:** aerial-photos.com (cb). **Dreamstime.com:** Karen Appleyard (cdb/tierras altas); Neurobite (ci/costa); Minnystock (cd); Boris Panasyuk (cib); Artur Jakubowski (cib/cueva); Marcello Celli (cdb); Iofoto (cdb/grao); Fabio Lamanna (cdb/atolón); Denys Bilytskyi (cb/laguna); Pablo Caridad (bd/glaciar); Biletskiy (bd); Vogelsp (bc); Mrsixinthemix (bc/arroyo); Marek Uliasz (bi); Wirestock (bi/lago). **Getty Images / iStock:** Aekkarat Doungmaneerattana (cib/bahía); Anne Lindgren (cd/cañón); frederikloewer (cib/océano). **Getty Images:** Moment / carlo alberto conti (ci). **41 Alamy Stock Photo:** Dennis Frates (ca); Richard Green (bd/cañón); Ingo Oeland (bd). **Dreamstime.com:** Chris Boswell (cib); Karsten Neglia (si); Gleb Ivanov (sd); Maciej Czekajewski (cia); Premekm (cda); Vitaly Titov (bi). **Getty Images / iStock:** Fabian Gysel (cdb). **Getty Images:** The Image Bank / James Warwick (cdb/naturaleza). **Shutterstock.com:** Ely C (bc). **42 123RF.com:** Vladimir Yudin / rrraven (s). **Dreamstime.com:** Haizul (cdb/apartamento); Macrovector (bd). **Shutterstock.com:** Tupungato (ci/casas x 3). **43 123RF.com:** Dimitar Marinov / oorka (ca). **Dreamstime.com:** Steve Allen (bi); Vicente Rubio (sc); Trondur (cia); Chris Hamilton / Chimpey (cia/electricidad); Cbechinie (cda/ciclista); Timrobertsaerial (ci); Erix2005 (c); Valentina Moraru (cd); Mulderphoto (cd/alcantarilla); Olena Korol (cib); Peter Etchells (cb); Wing Ho Tsang (cdb); Mineria6 (cdb/granja); Andreadonetti (bi/estatua); Physiodave (bc); Caoerlei (bd/muralla); Jblackstock (bd). **Getty Images / iStock:** bluejayphoto (ci/puente); Sean Pavone (sd/presa). **Getty Images:** Westend61 (si). **Shutterstock.com:** Anita van den Broek (si/puerto); Rita Image (cda); John_T (cib/parque). **44 Alamy Stock Photo:** Christine Osborne Pictures (cia/faraón); Prawns (bd); GRANGER - Historical Picture Archive (bc); Science History Images (bc/brújula); CPA Media Pte Ltd (cb/emperatriz); ICP / incamerastock (cb); Imaginechina Limited (cib). **Dreamstime.com:** Andreykuzmin (bi/rollo); Tiago Lopes Fernandez (cdb); Tanya Borozenets (cia); Edwardgerges (cd); Kateryna Kolesnyk (cda). **Getty Images / iStock:** Bjdlzx (bi). **45 Alamy Stock Photo:** Vito Arcomano (ci); Lebrecht Music & Arts (bi); The Picture Art Collection (cib); Jürgen Schonnop (si); Erin Babnik (cia); FOST (ca/emperatriz). **Bridgeman Images:** © NPL - DeA Picture Library (cb). **Dreamstime.com:** Gillespaire (ca); Kvasay (bd, cdb); Therina Groenewald (cda). **Shutterstock.com:** Sanit Fuangnakhon (ci/estatua romana). **46 Alamy Stock Photo:** Lebrecht Music & Arts (cia); North Wind Picture Archives (c); De Luan (cda). **Dorling Kindersley:** Egle Kazdailyte (cdb). **Dreamstime.com:** Corners74 (bi); Kalman89 (bd); Dreammediapeel (bc); Darren Curzon (cd). **Shutterstock.com:** Everett Collection (ca). **47 Alamy Stock Photo:** Everett Collection Inc / Ron Harvey (cdb/carro cubierto); Glasshouse Images / JT Vintage (cib); Montagu Images / Laurence Heyworth (cib/silla de mano); Pictorial Press Ltd (bd, ci); PA Images (cia). **Dreamstime.com:** Abdellah Amed (cda/humo); Wisconsinart (bd/biciclo); Simas2 (bi); Irinabal18 (bi/autobús eléctrico); Hasan Zaidi (cd); Baloncici (cd/velero); Boarding1now (cia/aeroplano); Bjrn Wylezich (ci/ferri). **Getty Images:** AFP / Patrick T. Fallon (si). **NASA:** (cda, sc). **Shutterstock.com:** Arcansel (cdb). **48 123RF.com:** Piotr Adamowicz (cdb); George Mdivanian (cdb/televisor). **Dreamstime.com:** Axstokes (cia); Monkey Business Images (bd); Chernetskaya (bc); Kenishirotie (bi); Liouthe (ca). **Shutterstock.com:** GreenLandStudio (cia/tableta); Dmytro_Kryzhanovskyi (cb); Third of november (cib); LuxMockup (cda). **49 Dreamstime.com:** Axstokes (bi, cdb); Prostockstudio (bd); Rawf88 (cb); Vladimir Timofeev (cda). **Getty Images / iStock:** AsiaVision (bc). **50 123RF.com:** Greek / Sergey Kolesov (ca). **Depositphotos Inc:** monkeybusiness (bd). **Dreamstime.com:** Dragonimages (cda); Wavebreakmedia Ltd (cib); Rmarmion (cib/biblioteca); Photographerlondon (cdb/salida de campo); Meolia (bc). **Shutterstock.com:** NataliyaBack (cdb). **51 123RF.com:** Greek / Sergey Kolesov (bc). **Dreamstime.com:** Diego Vito Cervo (bd); Ssstocker (b/x3); Scyther5 (bd/portátil); Chernetskaya (bd/cantante); Nerss (cia). **Getty Images / iStock:** Bullet_Chained (sc); DragonFly (cia/sandía); spinspinspin (s/x5). **52 123RF.com:** Smuay (cd). **Alamy Stock Photo:** Aleksei Gorodenkov (bc). **Dreamstime.com:** Ekaterina Morozova (ci); Ventura69 (bd). **Getty Images:** Corbis News / Horacio Villalobos (cdb). **Shutterstock.com:** Muhammah Haseeb (cib); Pixel-Shot (bi); Wavebreakmedia (c). **53 Alamy Stock Photo:** IMAGO / Peng Lijun / Xinhua / Joseph Mizere (ca); Douglas Scott (bd/robot camarero); PA Images / Anthony Devlin (cib); Peter Noyce GEN (si); Keith Morris (sd). **Depositphotos Inc:** Gorodenkoff (cb); lucadp (si/cronómetro). **Dreamstime.com:** Allagreeg (bi/robot); Sylvain Robin (ci); Dmitry Marchenko (ci/coche); Nikolay Antonov (cd); Info849943 (sd/asistente de voz). **Getty Images:** Anadolu (cia). **Getty Images / iStock:** E+ / Olemedia (cda). **Science Photo Library:** Cordelia Molloy (bi). **Shutterstock.com:** Maryshot (cd/impresora 3D); Liu Yangjun (bd); Fabio Oliveira 2020 (cdb). **54 Dreamstime.com:** Aaron Amat (cia); Monkey Business Images (cdb); Richard Gunion (cda). **Getty Images / iStock:** E+ / Sturti (cb). **Shutterstock.com:** Naluwan (ca); ViDI Studio (cia/solo). **55 Alamy Stock Photo:** Travelshots.com / Peter Phipp (sd). **Depositphotos Inc:** Ahavelaar (sd/batería). **Dreamstime.com:** Ababaka (cia/violín); Wiseantwork (bi); Denys Kovtun (cb); Tarasenko Maksym (cdb); Wave Break Media Ltd (cd); Xavier Gallego Morell (cda); Woraphon Banchobdi (cia); Prathan Nakdontree (si); Rolmat (si/piano); Thomas Perkins (sc); Lunja87 (sd/tambores). **Getty Images:** The Image Bank / Peter Dazeley (cib). **56 Dreamstime.com:** Volodymyr Melnyk (bc). **Getty Images:** Photodisc / Sot (bd). **Shutterstock.com:** Diignat (bi). **57 123RF.com:** Kostiantyn Kuznetsov (bd). **Alamy Stock Photo:** Tetra Images / Chris Grill (sd/niña); Visuals Stock (ci). **Dreamstime.com:** Convisum (sc); Steven Day (cd); Dmitriy Melnikov (bi). **Shutterstock.com:** Onur Ozgen (sd). **58 123RF.com:** Spotpoint74 (ci). **Alamy Stock Photo:** Cultura Creative RF / Roberto Peri (cb). **Dreamstime.com:** Auris (b/hierba); Sandra Manske (bc); Sports Photos (cib); Denys Kuvaiev (cib/salto con pértiga); Michael Turner (cdb); Leong Chee Onn (cdb/maratón); Serrnovik (ci/relevos); MaxiSports (c); Darko Cvetanoski (cd). **Getty Images / iStock:** E+ / SolStock (bc/disco); Nosyrevy (ca). **Shutterstock.com:** WoodysPhotos (cd/vallas). **59 Depositphotos Inc:** PantherMediaSeller (cb). **Dreamstime.com:** Ammentorp (cdb); Petesaloutos (cdb/natación sincronizada); Renato Borlaza (cib); Aleksandr Makarenko (c); Sasha Samardzija (cda); Photosvit (ca); Michele Morrone (cia); Stoyo Petkov (si); Zhukovsky (sd). **Getty Images:** AFP / Dirk Waem (ci). **Getty Images / iStock:** DigitalVision / Image Source (si/anillas). **Shutterstock.com:** Alex Bogatyrev (sc); Hairul_Nizam (bi); Quintanilla (cib/braza); ID1974 (ca/ejercicio de suelo). **60 123RF.com:** Jehsomwang (cb/sombrero pirata). **Depositphotos Inc:** DenysKuvaiev (bi). **Dreamstime.com:** Creativesunday (cdb); Monkey Business Images (bc); Panitan Kanchanwong (bd); Mirela Schenk (cb). **61 Dreamstime.com:** James Granger (bd); Oksix (sd); Nagy-bagoly Ilona (cda); Dmitry Rogatnev (ca); Denis Pepin (cb); Sergeyoch (cb/pelota de tenis); Martin Mullen (bi). **62 Dreamstime.com:** Chernetskaya (cib/almuerzo); Iftachul Farida (sd); Monkey Business Images (cia/lista, ca, bc, bd); Wavebreakmedia Ltd (cda); Rido (cda/recreo, cdb); Wiseantwork (cib); Konstantin Shishkin (cb); Anton Petrychenko (cdb/festival escolar). **Getty Images / iStock:** E+ / Lostinbids (bi). **Shutterstock.com:** Image Source Trading Ltd (cia). **63 Alamy Stock Photo:** Justin Kase z12z (cdb/castillo). **Dreamstime.com:** Digoarpi (sd/PALAMOS); Anna Tolipova (sd); Poznyakov (si/niños); Iakov Filimonov (cia); Weedezign (ca); Monkey Business Images (cda, cdb, bi, bi/secundaria, bc, bc/instituto); Petr Zamecnik (cib); Seventyfourimages (cb); Hongqi Zhang (aka Michael Zhang) (bd). **Getty Images / iStock:** E+ / Phynart Studio (si); E+ / Pixdeluxe (sc); FatCamera (cia/fútbol). **64 Dreamstime.com:** Prapass Wannapinij / Prapass (sd)

Imágenes de la cubierta: *Cubierta frontal:* **123RF.com:** belchonock cb/ (guantes), lucyfry cdb/ (estrella), Rose-Marie Henriksson / rosemhenri cia; **Dreamstime.com:** Andreykuzmin bc, Axstokes cib/ (teléfono), MingWei Chan si/ (pie), José Manuel Gelpi Díaz sd, Elena Schweitzer / Egal cb, Geza Farkas bi/ (ave), Gillespaire sc, Grafner bi/ (helado), Hyrman sc/ (zanahorias), Isselee cdb, si/ (ave), Birgit Korber cb/ (conejito), Konstantin Kirillov / Kvkirillov cib, Maglara bc/ (jarra), Nevinates cib/ (arándanos), Photoeuphoria cdb/ (globo terráqueo), Rimglow cib/ (berenjena), Valpal cdb/ (maceta), Guido Vrola br, Zhbampton cib/ (escarabajo); **Getty Images / iStock:** Antagain cib/ (mariposa), Bjdlzx bc/ (caligrafía), Salmón Negro cdb/ (placas); **NASA:** si; *Contracubierta:* **123RF.com:** belchonock sd/ (guantes), lucyfry cia/ (estrella), Rose-Marie Henriksson / rosemhenri cib; **Dreamstime.com:** Andreykuzmin ca/ (rollo), José Manuel Gelpi Díaz cdb, Geza Farkas ca, Gillespaire bd/ (oro), Grafner cib/ (helado), Hyrman cdb/ (zanahorias), Isselee si, Birgit Korber sd, Konstantin Kirillov / Kvkirillov si/ (cacerola), Maglara cd, Nevinates sc, Photoeuphoria si/ (globo), Rimglow sc/ (berenjena), Valpal bi/ (cerámica), Guido Vrola cia; **Getty Images / iStock:** Antagain bc/ (mariposa), Bjdlzx ca/ (caligrafía); **NASA:** ci; *Lomo:* **Dreamstime.com:** MingWei Chan b, Birgit Korber cb/ (conejito), Photoeuphoria t; **Getty Images / iStock:** Antagain ca